Marc Augé

Un etnologo al bistrot

www.raffaellocortina.it

Titolo originale
Éloge du bistrot parisien
© 2015 Éditions Payot & Rivages, Paris

Traduzione
Maria Gregorio

Copertina
Studio CReE

ISBN 978-88-6030-772-9
© 2015 Raffaello Cortina Editore
Milano, via Rossini 4

Prima edizione: 2015

Stampato da
Consorzio Artigiano LVG, Azzate (Varese)
per conto di Raffaello Cortina Editore

Ristampe					
0	1	2	3	4	5
2015	2016	2017	2018	2019	

Indice

Ricordi
Giovinezza — 17
Cabotaggio — 23
Il seminario — 25

Lo spazio-tempo del bistrot
François — 31
Musiche — 35
Uno spazio convenzionale — 39
Uno spazio in movimento — 43
Uno spazio rituale — 47
Julie — 55

Parigi sognata
Maigret — 63
Aragon o l'ebbrezza dei luoghi — 67
Uno spazio romanzesco — 73
I pettirossi e l'albatros — 81
Parigi perduta, Parigi conquistata — 91

Avrò ancora per molto il sentimento del meraviglioso quotidiano? Lo vedo smarrirsi in ogni uomo, che avanza nella propria vita come in un cammino sempre meglio lastricato, che avanza nell'abitudine con crescente disinvoltura, che man mano si libera del gusto e della percezione dell'insolito. È disperante che non potrò mai rispondere a questi perché.

LOUIS ARAGON, *Il paesano di Parigi*

Avvertenza

I testi di Louis Aragon sono tratti dalle seguenti opere: *Le paysan de Paris*, Gallimard, Paris 1926 (tr. it. *Il paesano di Parigi*, il Saggiatore, Milano 1960); "Le mauvais plaisant", in *Le mentir-vrai*, Gallimard, Paris 1890; "Les mots m'ont pris par la main", in *Le roman inachevé*, Gallimard, Paris 1956.

Bistrot, o *bistro*, è in primo luogo una parola: una parola di origine incerta, ma relativamente recente, che si è diffusa in ogni parte del mondo dando lustro alla Francia al pari del cancan e della torre Eiffel. Il dizionario *Petit Robert* ne riporta due etimologie possibili, sebbene altri nutrano qualche dubbio in proposito: la prima è *bistouille*, che nel Nord della Francia designava a fine Ottocento una bevanda alcolica di poco prezzo oppure un caffè corretto con acquavite (si avverte l'eco di *touiller*, rimestare); la seconda è il russo *bistro* – presto! –, reminiscenza dei cosacchi in transito a Parigi, assetati di vittorie e di alcol. Comunque stiano le cose, vale la pena d'interrogarsi su una parola giunta da chissà dove e divenuta subito un po' dappertutto il simbolo di un modo di vivere: l'arte di vivere dei francesi.

Bistrot: un bastardo alla conquista del mondo.

Non mancano, nella lingua francese, sinonimi approssimativi di stampo più o meno dialettale: *troquet*, *bistroquet*, *mastroquet*, *caboulot*… ma soltanto bistrot si è affermato nell'uso corrente quale termine familiare, amabile, riconosciuto ovunque e, pertanto, concettualmente e geograficamente imperialista. L'uso è invalso a indicare anche luoghi non destinati alla mescita di bevande: è sconfinato nell'ambito della gastronomia, rosicchiando attributi al "ristorante" e valorizzando la semplicità e naturalezza che a buon diritto ti aspetti da una cucina di solida tradizione "borghese". Di pari passo, il termine si è infiltrato nelle grandi città straniere divenendo di uso comune, un po' come le pizzerie. Salvo che una pizzeria, all'estero, rivendica la propria origine nazionale o regionale, mentre lo stesso non può dirsi di ogni "bistrot": vero è che se ne trovano parecchi a conduzione francese anche fuori dei nostri confini (un French Little Bistrot a Miami Beach, per esempio, e così pure un Bistro Les Amis a New York), ma è sorprendente osservare come quel nome abbia spesso viaggiato per conto proprio, portandosi appresso – e in esclusiva – quasi una garanzia di autenticità locale. Torino ospita un gran numero di bistrot, ma io ricordo in particolare un Bistrot Turin specializzato in piatti e vini piemontesi. In un aeroporto internazionale ho visto un "bistrot americano", del quale non ho avuto tempo di apprezzare le specialità, mentre a Berlino ho trovato numerosi *bistro* dove la birra scorreva a fiumi. Con quel termine, la Francia ha esportato un modello di autenticità locale duttile e versatile, un modo tutto francese di dichiarare la propria origine, quale che sia, nei gusti e nei sapori; un modo, per chiunque e ovunque, di essere autenticamente se stessi.

Bistrot o altro? Il *troquet* è un piccolo *caboulot*: ci si va per farsi un bicchiere. Sta di fatto che in un *troquet* o *bistroquet* nessuno chiederebbe una coppa di champagne, semmai un rosso o un bianchino, oppure una birra. Nessuno vi prolunga la sosta per il semplice piacere di stare lì. Raramente ci si siede. Il "caffè" è un'istituzione che vanta i suoi quarti di nobiltà e, talvolta, alcune specialità. La parola stessa esala un profumo di distinzione europea: i caffè letterari hanno una consolidata reputazione storica, mentre altri – non raramente gli stessi – sono stati al cuore della vita politica. Pertanto, i bistrot si collocherebbero da qualche parte a mezza via tra i *troquets* più plebei e i più raffinati dei caffè.

Questi ultimi sono troppo distinti per chiamarsi bistrot, non fosse per una sorta di espediente verbale affine ai riti d'inversione che, da qualche anno a questa parte, hanno dato origine al fenomeno denominato *bobo* (acronimo di *bourgeois-bohème*): un processo di conquista, o di riconquista, avvenuto nei quartieri "popolari" di Parigi (XIXe e XXe), dove parecchi benestanti hanno acquistato a prezzi relativamente convenienti appartamenti ben più spaziosi di quelli che si sarebbero potuti permettere in un "buon quartiere" e sono venuti ad abitarci. Apprezzandone, così dicono, la vivacità e il lato pittoresco. Hanno fatto scuola e i bistrot sono arrivati al traino, come a Torino, Berlino e altrove.

Ma qui siamo in piena Parigi e abbiamo pertanto a che fare con un fenomeno di esportazione a circuito interno. Messaggio rinviato al mittente, il bistrot *bobo* è una sorta di bistrot al quadrato, con i menu scritti alla spiccia, quasi scarabocchiati su una lavagna. I vini di "piccoli produttori" si bevono al bancone mentre, a mezzogiorno, si mangia in fretta un boccone per meno di 35 euro. Capita, ed è l'apice dell'eleganza *bobo*, che le specialità tipiche del fast food – l'hamburger, per fare un esempio – siano ricuperate e insignite di rinnovata nobiltà gastronomica. Questo movimento si è giovato del sostegno di alcuni grandi chef stellati, che da qualche anno hanno aperto succursali più semplici e meno costose dei locali dai quali hanno originariamente tratto gloria e fama: con modestia un po' di maniera, le hanno battezzate con il nome di bistrot sebbene, nel caso, il termine sia palesemente abusivo.

Il bistrot, quello vero, si riconosce per essere sempre disponibile nel tempo: aperto dalla mattina alla sera, più o meno presto, più o meno tardi, ma senza interruzione.

Né si voglia attribuire il nome di bistrot a locali che vantano un'origine geografica la cui tradizione culinaria è immediata ed esclusiva: così le *crêperies* bretoni intorno a Gare Montparnasse – delle quali, volendo prestare fede alle insegne che evocano tanti, disparati luoghi di nascita (Fouesnant, Beg-Meil, Duarnenez, Pont-Aven…), diresti che offrano i prodotti più diversi – oppure la grandissima varietà dei ristoranti asiatici: cinesi, giapponesi, thailandesi, coreani, cambogiani, indiani, pakistani... Sono spesso eccellenti, ma non sono bistrot. Non tanto per l'origine, quanto per la specificità dei menu, limitati a priori dalla tradizione locale. Alcune *crêperies* godono di ottima fama, e i ristoranti cinesi o giapponesi sono sempre più familiari ai parigini sia nella versione di lusso sia nelle innumerevoli versioni di medio livello. Fa piacere, per esempio, ritrovarsi nel localino cinese dietro l'angolo ma, per quanto sia familiare e, nel caso, un quasi bistrot se non altro all'ora di pranzo, mai ci andresti a bere un bicchiere. Conserva infatti una dimensione esotica, quanto meno nella disposizione degli arredi: manca il bancone all'ingresso, mentre si apre subito, perpendicolare alla strada per facilitare il passaggio dei clienti che vogliono scegliere, una vetrina dove sono esposti i piatti del giorno, pronti per l'asporto o per essere consumati sul posto. La mancanza del bancone di zinco rivela l'onesta rinuncia a volersi spacciare per bistrot.

Per parte loro, i bistrot francesi non sdegnano di ostentare un'origine regionale. Al contrario: i *bougnats*, commercianti di carbone originari del Massiccio centrale che servivano vino rosso nei depositi e nelle bottiglierie, fanno ormai parte del folklore, mentre sono tuttora numerosi a Parigi i gestori di alberghi e caffè originari dell'Aveyron.

Basta uno sguardo alle insegne: Au Petit Sancerre, il Trou normand, l'Aquitaine, la Bourgogne, il Relais breton... Tutte sbandierano una promessa di ghiotta autenticità, dove il sapore di un vino o di un distillato "nostrano" è associato al profumo di qualche specialità cucinata con tutti i crismi. Quando si va in una *brasserie* tradizionale, si è pressoché certi di poter gustare salsiccia *aux deux pommes* – i due pomi sono patate e mela – o testina di vitello in salsa *gribiche*, fricassea di vitello o *choucroute*. Le birre saranno forse tedesche, ma la lista dei vini, per lo più esagonale, scava nei più reconditi segreti dei vigneti regionali. Sicure d'incarnare la tradizione, le *brasseries* rivendicano chiaro e tondo la propria presenza nell'uno o l'altro quartiere di Parigi – con la pretesa di esserne il simbolo – all'incrocio di molte grandi arterie della capitale: la Rotonde, il Canon de Grenelle, il Canon de la Nation, il Canon des Gobelins...

Vero è che la parola "bistrot" traduce, in chi la usa, una forma di simpatia immediata che non chiede definizioni troppo rigorose. Chi si ostini a cercarle rischia di mutilare la realtà che vi corrisponde. Qual è, dunque, la virtù di questa parola? Quali desideri risveglia in noi – desideri che si rivelano più o meno inconsapevolmente ogni volta che diamo appuntamento a qualcuno in un bistrot o domandiamo a un amico se ha tempo di bere un bicchiere nel bistrot lì di fronte o, ancora, quando decidiamo di andare a cena in un bistrot dei paraggi? Quasi l'uso della parola garantisse di per sé il carattere fraterno, amabile, vivificante di una scappata in città, non troppo lontano da dove abitiamo o lavoriamo.

Ricordi

Giovinezza

Quand'ero ragazzo, andare da solo al bistrot era uno dei primi segnali che annunciavano l'indipendenza dell'età adulta. Sul ricordo dei miei primi bistrot aleggia ancora un certo sentore di proibito. In terza superiore, uscendo dal liceo Louis-le-Grand, insieme con uno o due compagni risalivamo di corsa rue Saint-Jacques per poi abbandonarci ai piaceri del calcetto nello scantinato di un'osteria in rue des Fossés-Saint-Jacques, oggi scomparsa: la signora che la gestiva ci accoglieva con aria complice servendoci le nostre gazzose. Mentre i piccoli ritardi nel rientrare a casa (non eravamo teste calde e cercavamo di fare in fretta) mi offrirono le prime occasioni di deformare la verità. A pianterreno, gli adulti che si scolavano un quartino di rosso facevano assomigliare la nostra scappatella a chissà quale dissolutezza che imponeva la massima discrezione. Qualche tempo dopo, arrivati in quinta liceo e poi alla maturità, ci capitava invece di scapicollarci per la stessa rue Saint-Jacques fino a infilarci in un piccolo bistrot vicino alla Senna – esso pure scomparso – dove praticavamo il nostro sport preferito sognando di fare di quel luogo la sede di un movimento letterario o filosofico del quale saremmo stati gli iniziatori.

La cosiddetta *khâgne* – il corso propedeutico per accedere all'École normale supérieure – che frequentavamo al liceo Louis-le-Grand non favoriva di certo la vita del bistrot: era troppo austera e sfibrante, almeno per quelli, come me, segretamente attanagliati dalla speranza di farcela e dal terrore di fallire. Un giorno, in place Saint-Sulpice il pittore Philippe Levantal, a cui la vocazione già solida consentiva un rapporto più sciolto con la *khâgne* del suo liceo, l'Henri-IV, m'indicò una figura folgorante – abito nero, folta chioma bianca – seduto a un tavolo all'aperto del Café de la Mairie: "Guarda, il principe dei poeti!", mi fece notare come fosse cosa ovvia. Vi era dunque un'altra vita, al di fuori del Louis-le-Grand, una vita vera, vivendo la quale potevi imbatterti nella poesia tra i tavolini all'aperto dei bistrot. Quel giorno, André Breton sembrava montare la guardia, altero e solitario, e oggi, sessant'anni più tardi, l'immagine che mi si è impressa nella memoria in quella manciata di secondi mi sembra una singolare figurazione del principio esposto nei suoi *Vasi comunicanti*, ripubblicati proprio in quel lontano 1955: il principio dell'impossibilità, al fondo, di distinguere tra sogno e realtà.

Qualche anno dopo, nel 1957, Bernard Lortholary, che era risultato primo al nostro corso, mi fece incontrare Barbara al Moineau, in rue Guénégaud.

E l'anno successivo Barbara avrebbe cantato all'Écluse: il locale esiste ancora, ma non vi si canta più né io sono mai andato ad ascoltarla. Ora passo di lì ogni tanto, per bere un bicchiere e concedermi l'illusione di un quasi ricordo.

Per il resto, come i miei compagni ho frequentato i due caffè "accreditati" della Normale, in rue d'Ulm: il Piron e più ancora Guimard, la *brasserie* in cui mettevamo in tavola soprattutto concetti e teorie mangiando sandwich di pane rustico. Erano i due punti di riferimento ufficiali dello snobismo normalista. Una sera, mi sembra fosse il 1960, Sartre era venuto a tenere una conferenza alla Normale. Poi, tutti si sono ritrovati da Guimard. Poiché non ero filosofo nel senso stretto della disciplina, mi tenevo a una certa distanza bevendo la mia birra e godendo l'insieme della scena. Mi dicevo che avrei visto Sartre, Hyppolite e Althusser trincare insieme mentre, poco lontano, Simone de Beauvoir si fece presentare un giovane normalista, al quale avrebbe effettivamente arriso un bell'avvenire filosofico. Immagini che mi sono rimaste impresse, quasi a evocare ai miei occhi una sorta di passaggio del testimone, sebbene sia certo che i diretti protagonisti di allora non vi attribuirono la medesima importanza.

Apprezzavo, tuttavia, anche i croissant serviti in un caffè di rue Claude-Bernard e così pure, nella stessa strada, ma sul marciapiede di fronte, un altro caffè frequentato – se n'erano accorti alcuni di noi – da ragazze di Orano con cui simpatizzammo in fretta. Nel dire "noi", intendo i tre o quattro compagni che condividevano l'impressione, cambiando caffè, di costituire un gruppo a sé e di occuparsi della propria vita privata. Tutti noi ci eravamo presi più tempo attardandoci sui banchi del liceo, e i piaceri dell'indipendenza li scoprimmo forse con un certo ritardo rispetto agli altri nostri coetanei.

In seguito, ci siamo dispersi, ma io sono uno di quelli che hanno finalmente ritrovato Parigi.

Ero cresciuto nei pressi di place Maubert. I miei genitori non frequentavano i bistrot del quartiere, e la stessa parola "bistrot" era segnata da un'ombra di volgarità. Ai loro occhi, andare al "caffè" doveva rimanere una cerimonia elegante, rara e festiva, da celebrarsi di norma la domenica o, tutt'al più, il sabato pomeriggio, direzione Luxembourg o Champs-Élysées. Sotto casa nostra c'era un grande bistrot, ma frequentarlo sarebbe apparso loro volgare. Lì s'incontravano, mescolandosi gli uni con gli altri, i fruttivendoli, i fattorini e i garzoni dei macellai, tutta gente che si alzava presto e non disdegnava al mattino di scaldarsi buttando giù un grappino o un bicchiere di rosso. Eppure vi era un'eccezione: negli anni Quaranta era necessario far venire ogni tanto un carico di carbone per la cucina e la stufa del salotto. Il carbonaio, che teneva anche un bistrot, si trovava in una stradina perpendicolare al boulevard Saint-Germain, e non giurerei che mio padre abbia sempre rifiutato di bere un bicchiere con lui quando andava a fare l'ordinazione.

Fin da piccolo, sono stato pertanto abituato a distinguere tra persone di buona estrazione sociale (piccola borghesia perbene, di livello più alto verso boulevard Saint-Germain che verso rue Monge) e la gente di basso rango che veniva da fuori, ma occupava quotidianamente la strada e i suoi bistrot. Nei grandi immobili la cui locazione costituiva una rendita costante – non di rado un intero blocco di caseggiati, compresi i negozi a piano terra, apparteneva a un unico proprietario – l'ammezzato era considerato zona intermedia, e i piccoli appartamenti siti a quel livello erano spesso occupati dai negozianti o dai loro dipendenti, potenziale clientela dei caffè che aprivano sulla via.

Cabotaggio

La mia giovinezza – così hanno voluto l'epoca, l'origine sociale e il temperamento – è stata simile a una navigazione prudente e ambiziosa tra isole nettamente separate l'una dall'altra: una sorta di cabotaggio entro l'arcipelago della post-adolescenza. La *khâgne*, l'École normale, il servizio militare costituirono, ciascuno, un universo a sé stante, e ogni volta che uscivo dall'uno o dall'altro cominciava per me una nuova vita: qualche compagno andava perduto, alcuni amici si allontanavano, altre amicizie nascevano. Tornato dall'Algeria, ho ultimato il servizio militare a Rambouillet: un periodo breve, appena due mesi, durante i quali mi sentii disorientato, in parte perché frequentavo ragazzi più giovani di me che mi apparivano un po' superficiali, venendo io da un'esperienza di quel genere: più testimone che attore, è vero, e testimone assai parziale, comunque consapevole di aver vissuto un pezzo di storia; in parte per il fatto che, ormai prossimo alla vita libera, non mi sentivo del tutto coinvolto nelle nuove amicizie che mi si proponevano. Nondimeno, frequentavo al pari degli altri un bistrot chiassoso e turbolento, il cui juke-box era perennemente alimentato da melomani monomaniaci. Mettevano sempre gli stessi dischi e mi pare di sentire ancora la voce di Dalida che ripete il ritornello di moda all'epoca: "Que sont devenues les fleurs / Du temps qui passe? / Que sont devenues les fleurs / Du temps passé?". La nostalgia malinconica della canzone ben si accordava con il mio stato d'animo.

Di fatto, il bistrot, il suo juke-box e Dalida sono gli unici ricordi che ancora mi rimangono del soggiorno a Rambouillet.

Dopo di allora, il mio cabotaggio mi ha portato nella zona est di Parigi, dalle parti della porte Dorée, dove ho insegnato due anni al liceo Paul Valéry. Anche quello è stato un periodo di passaggio: pur apprezzando i miei colleghi e studenti, avevo sempre la testa un po' altrove, in Africa, dove speravo molto di potermi recare di lì a breve in veste di etnologo. Nel frattempo, mi sforzavo di mettere radici: mi aiutò un collega iniziandomi ai rudimenti del biliardo in un bistrot sui viali esterni. Non ero granché abile, tuttavia mi divertiva cercare il migliore angolo di battuta o cimentarmi con la tecnica del retrò. Il rumore secco, sonoro delle palle che cozzano l'una contro l'altra finì per diventarmi familiare, e mi faceva piacere ritrovarlo ogni volta che aprivo la porta del bistrot.

Il seminario

A partire dal 1970 si aprì per me, di ritorno dall'Africa, una lunga stagione parigina di stabilità professionale all'interno dell'École des hautes études. Stabilità comunque relativa, poiché fummo più volte costretti a traslocare da una sede all'altra: in particolare, cambiò spesso l'ubicazione delle aule seminariali e, con esse, i bistrot, che costituivano di fatto il naturale prolungamento di ogni seminario. Accoglievano tutti e tutte, colleghi o studenti, purché avessero voglia e tempo di proseguire la discussione o di lanciarne altre. Le nostre "appendici", come li chiamavamo, erano infatti di due tipi: gli uni erano un prolungamento della sede o supplivano alla sua assenza (in via eccezionale, il bar del Lutétia, per esempio, ebbe funzione di lussuoso rifugio per alcuni insegnanti); gli altri erano un raddoppio delle aule seminariali. Queste ultime transitarono di volta in volta in diversi quartieri di Parigi, talora assai lontani dalla sede principale dell'École, e credo di poter testimoniare che tra la qualità dei seminari e quella dei bistrot vi fu sempre un legame. Alcuni favorivano più di altri le riunioni ciarliere, sorridenti e animate che amavamo praticare, poco compatibili con il ritmo precipitoso e nervoso di altri locali (oggi ne sono contaminati quasi tutti) dove si mette premura al cliente un po' tardo nel cedere il posto al coperto di mezzogiorno e della sera.

Per completare il percorso, aggiungerò che, nella scelta degli indirizzi parigini dove ho abitato, mi sono sempre preoccupato – forse per convincermi che non dipendevo più dai fantasmi genitoriali – di valutare i bistrot dei paraggi; m'interessava, insomma, la popolazione che sta "in basso". Così, anche le grandi città straniere mi sono più o meno vicine e familiari a seconda che offrano o meno l'equivalente dei bistrot parigini.

Già sento risuonare alcuni interrogativi falsamente indignati e alquanto ironici: allora, la sua vita si riassume in qualche mescita? Al che rispondo senza batter ciglio: i bistrot (non tutti, ma alcuni, e mi piacerebbe interrogarmi precisamente su ciò che differenzia l'uno dall'altro) hanno iscritto in me quella che i chiromanti chiamano "linea della vita". Quando si mostra il palmo della mano, la linea della vita presenta un disegno più o meno nitido, talvolta un tratto netto e ben inciso, talaltra con zone più imprecise e sfumate. Ebbene, per continuare con la stessa metafora, ritengo che il nostro passato sia come una mano aperta, una mano un po' particolare, sulla quale è possibile leggere più d'una linea della vita: tra le tante, la linea dei bistrot.

Ve ne sono anche altre, è vero. A scelta: la linea dei paesaggi e quella dei volti, la linea delle canzoni e quella dei viaggi. Altre ancora ne tralascio, magari migliori. Né dimentico la linea della testa e quella del cuore. Eppure, sulla mano del passato, la mia mano metaforica, la linea dei bistrot è trasversale e interseca tutte le altre.

*Lo spazio-tempo
del bistrot*

François

Spesso, il bistrot risponde a un bisogno quanto mai urgente, immediato, di contatto. L'invecchiamento porta con sé il rischio di una vita sempre più isolata, ed è sufficiente frequentare al mattino qualche *brasserie* parigina per rendersi conto che i tanti che vi si attardano al banco, fin dalle prime ore, vengono a cercare innanzi tutto un po' di compagnia. Il cameriere lo sa bene, mentre si prodiga con allegria forse un po' forzata, esibendo il suo impeccabile virtuosismo accanto alla macchina del caffè, e mai dimentica di servire senza batter ciglio un calice di Côtes-du-Rhône al vecchietto che glielo ha chiesto quasi mormorando sottovoce, consapevole di trasgredire un divieto in quell'ora mattutina ("François, il mio calicetto di rosso!"). François conosce quel mondo e vi adegua parole e battute. Come ogni mattina, ha accolto l'anziano cliente con uno squillante "Salve, giovanotto!", strappando un timido sorriso al destinatario del saluto, che ha subito alzato la mano accennando un gesto di diniego, come ogni mattina. Altro che giovanotto, con gli anni che si ritrova. "Tutto bene?", insiste François, ottenendo dall'altro una conferma pronunciata con voce già più sicura. Sì, sì, va tutto bene. Così, dalle sette alle dieci arrivano, l'uno dopo l'altro, a ingrossare la coorte dei solitari del mattino quelli che gettano l'ancora in quel porto di pace un po' rumoroso prima di tornarsene a casa, di continuare a girare in tondo nel quartiere o di prendere il largo: giovani uomini d'affari, maschi celibi, che ordinano caffè e croissant dando una scorsa al giornale prima di scomparire nel metrò lì a un passo oppure saltare in macchina dopo un'occhiata all'orologio. Così, prima di correre al lavoro, anche una madre, cliente abituale che controlla la cioccolata della figlia, scolaretta di quarta elementare che pure si atteggia a *habituée* ("Buongiorno, François, tutto bene?"); così, uno o due pensionati, che hanno dalla loro tutto il tempo e aspettano che *Le Parisien* o *L'Équipe* tornino a disposizione. Questa, la vita mattutina in una *brasserie* parigina, all'incrocio di due grandi direttrici urbane, dove parecchie linee d'autobus e di metrò transitano governando il flusso e riflusso di parte degli abitanti del quartiere nonché dei clienti abituali o occasionali dei numerosi caffè e ristoranti in zona. Nuove ondate seguiranno, naturalmente, con l'approssimarsi del mezzogiorno e verso le sette di sera, quando s'incrociano gli ultimi fedelissimi del bancone e quelli che vengono a cenare presto oppure a bere un aperitivo: turisti anglosassoni curiosi di frequentare un locale tipicamente parigino, famiglie che festeggiano una ricorrenza, coppie sorridenti o bande di amici. Non mancano i solitari, che prestano vagamente ascolto al brusio degli altri.

Al bancone, il ritmo non s'allenta nemmeno a mezzogiorno, anzi. François ordina in cucina sandwich burro e prosciutto (con o senza cetrioli?) oppure l'uno o l'altro piatto del giorno: nelle ore di punta sembra capace di moltiplicarsi per soddisfare le richieste, che s'incrociano sempre più fitte, di aperitivi, colazioni veloci e caffè. I camerieri volteggiano in sala e fuori, lanciandogli al volo le ordinazioni che spettano a lui solo: "Tre ristretti e due lunghi!". Il proprietario sopraggiunge a dare una mano quando le ordinazioni si accavallano troppo vorticosamente. La sera, invece, una nuova squadra s'insedia ai posti di comando. In sala – tovaglie e tovaglioli di stoffa – il servizio assume toni di maggior distinzione. Siamo già oltre l'ora del bistrot.

Qual è l'essenza del bistrot? In primo luogo, il bancone e soprattutto quello di zinco, su cui appoggiano i gomiti i clienti abituali, mentre quelli di passaggio, troppo di fretta per sedersi in sala o ai tavoli all'aperto, vi sostano davanti in piedi, un po' più rigidi, meno rilassati. Luogo unico e nevralgico del più semplice bistrot, il bancone funge comunque da centro di gravità anche nei locali più importanti: a contatto della cucina, da cui lo separa una paratia e alla quale lo collega uno sportello, costringe i suoi adepti a voltare le spalle ai clienti seduti in sala – lo sguardo perduto tra il luccichio delle bottiglie di aperitivi e digestivi allineate sugli scaffali. Se non temessi di urtare la sensibilità eccessivamente clericale di qualcuno, quasi mi arrischierei a considerare François, per parte sua, una sorta di officiante che mostra le spalle ai fedeli mentre opera alla macchina del caffè per poi girarsi verso di loro, passando allo spillatore di birra, soltanto al momento di invitarli a comunicarsi sotto le due specie.

Il bancone si adatta all'attualità. Su un lato, in alto, il televisore rimane acceso ma muto. Al mattino, qualche volta, François alza un po' il sonoro, per un istante, su esplicita richiesta di un vecchio cliente che s'interessa alle notizie, per lo più sportive. Gli scampoli d'informazione strappano qualche sospiro che la dice lunga e qualche battuta tra iniziati all'interno di una cerchia molto ristretta dove le simpatie per l'una squadra o l'altra sono ben note. Ci si lascia fluttuare pigramente in un'atmosfera distesa e decisamente apolitica. Nondimeno, è uno spazio in cui ciascuno dice la sua, quando capita, e in cui è sempre possibile imbastire una conversazione. Uno spazio pubblico, se vogliamo, mentre uno o due metri più in là i clienti seduti fingono superbamente di ignorarsi l'un l'altro, seppure di tanto in tanto si avventurino a lanciare un'occhiata al tavolo più vicino.

Musiche

L'apoteosi si ha quando il *bistroquet* funziona anche da tabaccheria, dove si scommette sulle corse o si gioca al lotto. Nella febbre dei discorsi eccitati, dei commenti d'ogni sorta, delle dritte scambiate intorno al bancone, che peraltro nelle ore di calca si stenta a raggiungere, si percepisce il brusio febbrile della povertà impaziente. Qui, il bancone è sopraffatto dall'attualità immediata, e sono ben pochi i solitari che meditano silenziosi davanti alla loro birra; impensabile rimanere concentrati. Tutto al contrario dei bar di lusso, dove si mostra rispetto per il silenzio del cliente e l'intensa riflessione ispiratagli – così sembra – dal bicchiere di whisky che tiene in mano contemplandolo gravemente prima di portarlo alle labbra con il gesto deciso dell'ultima sorsata.

I locali di rango, come la Closerie des Lilas o, prima che chiudesse, l'hôtel Lutétia, sanno valutare l'importanza del dispositivo: coloro (in prevalenza uomini) che s'accomodano al "bar" (termine più nobile di banco o bancone) lo fanno sia per godere dell'ostentata intimità con il barman preferito sia per bere da soli in silenzio. In entrambi i casi, sanno di essere osservati da qualche nuovo venuto, attratto dalle luci del locale e dalle voci che corrono in merito alle frequentazioni importanti. Eppure, non sempre i più "famosi" sono i più istrioni, semmai lo sono quelli che stanno loro appresso per beneficiare degli effetti della vicinanza: strategia di lusso, che punta a evitare l'isolamento garantendosi un'esistenza nello sguardo altrui, sia pure grazie a un sotterfugio.

In quel contesto, la musica costituisce ovviamente un elemento di distinzione sociale. Tuttavia, il rapporto con il piano bar rimane contraddittorio: le melodie fuggevolmente evocate dalla carezza del pianista che sfiora i tasti funzionano secondo una modalità quasi allusiva: "Non fate attenzione a noi", sembrano mormorare, "fate come se non ci fossimo...". Vero è che, dalle foglie morte alla *vie en rose*, dal tempo che intanto passa a te che mi ritorni in mente, la prestazione è quasi miracolosa: consiste nel suonare per un'unica persona in uno spazio pubblico affollatissimo nel quale chiunque può diventare, per una frazione di secondo, l'ascoltatore solitario e privilegiato; significa suonare per non essere ascoltati e senza disturbare la conversazione, nel contempo offrendo a ciascuno l'occasione di un riconoscimento anonimo, singolare e intimo – un breve incontro, talvolta sanzionato dallo scambio di un sorriso o dalla banconota lasciata cadere nel piattino, posato per ogni eventualità su un angolo del pianoforte a coda. Il pianista del piano bar potrebbe dirsi la replica silenziosa del barman, al quale basta una parola o una risata, mentre scrolla con destrezza shaker e cubetti di ghiaccio, per dichiarare la propria complicità con l'élite dei clienti. Discreto e pressoché immobile, a pochi metri del massiccio "bar", seduto dietro il pianoforte che sembra essersene distaccato come un iceberg dalla banchisa, il pianista evoca l'immagine di un orso solitario. Ma entrambi questi esseri complementari conservano, in quelle alte sfere della pariginità, una sorta di magia felpata e insidiosa che, favorita da una vaga nostalgia, risuscita per qualche istante il loro passato legato al bistrot.

Un'atmosfera ben lontana da quella dei jukebox di ieri, che in qualche sporadico bar tabacchi si trovano ancora, e mille miglia lontana dagli odierni fiotti di musica registrata che la maggior parte dei bistrot parigini si crede in obbligo di riversare nell'orecchio dei clienti. Servono molto tatto, se non addirittura coraggio, per azzardarsi, oggi, a pregare il proprietario o uno dei suoi dipendenti di abbassare un po' il volume. Probabilmente la maggior parte dei clienti è troppo abituata al rumore per sopportare il silenzio senza desiderare di "popolarlo", ed è troppo ghiotta di presenze esterne, per quanto illusorie, per non cercarne l'immagine un po' dappertutto. Di qui lo spettacolo cui si assiste in numerosi bistrot: lo strano balletto di fantomatiche silhouette che si agitano in tutti i versi su uno schermo televisivo muto, ignare dei ritmi stordenti che martellano il cliente ormai fatto prigioniero, soggiogato o rassegnato.

In alcune *brasseries*, la coesistenza di un settore bancone e di sale o tavolini all'aperto consente un compromesso: i fiotti di musica, pur se controllati in genere dalla zona bancone, si riversano essenzialmente sui clienti seduti in sala, attraverso microfoni sapientemente collocati. Quanto allo schermo televisivo, silenziato, ogni tanto uno sguardo volteggiante vi si sofferma per pochi istanti e subito se ne distoglie. Al termine del compromesso, i fedeli del bistrot si ritrovano tra loro, abbarbicati al bancone, ultimo baluardo di un passato ormai accerchiato dai suoni e dalle immagini del presente.

Uno spazio convenzionale

Il bancone è il centro di uno spazio concepito, come la musica del piano bar, per non appartenere a nessuno pur facendo posto a tutti. Conosco un bistrot che cambia continuamente proprietario ma non riesce a farsi una clientela, nonostante le iniziative gastronomiche o gli sforzi promozionali dei gestori che si succedono l'uno dopo l'altro. Nessuno di loro sembra aver prestato attenzione al fatto che il bancone, in uno spazio relativamente angusto, appare come schiacciato contro il muro di fondo. Il padrone sta lì davanti o dietro, indifferentemente, insieme con un dipendente: il giorno dell'inaugurazione era con uno o due amici, di modo che, entrando in quel piccolo locale peraltro arredato con gusto, si aveva quasi l'impressione di presentarsi di fronte a un tribunale o, per lo meno, si aveva l'intima certezza, nonostante l'accoglienza molto gentile, di essere di troppo. Lo sforzo di ampliare lo spazio, in realtà, lo riduceva spegnendo fin da subito ogni velleità di stringere un rapporto. Ora, per quanto in un simile contesto il desiderio di allacciare rapporti sia inconsapevole, illusorio o superficiale, è proprio quel desiderio che ci spinge a entrare in un bistrot e a restarvi. E ciò vale non soltanto per quanti si sentono soli, ma anche per chi viene in compagnia, amici o innamorati, e persino per chi, uomo o donna, non necessariamente soffre di solitudine ma cerca un angolo dove lavorare o riflettere: tutti costoro hanno bisogno di una forma di presenza/assenza modulabile; vogliono sentirsi a casa propria e nel contempo altrove; vogliono essere accolti e ignorati.

Il vero padrone di un bistrot (talvolta in Francia chiamano lui stesso "bistrot") possiede al riguardo un'intuizione sottile, ma deve disporre di uno spazio in cui non vi sia alcuna cesura netta, bensì soglie e passaggi; uno spazio che non s'impadronisca di nessuno né lo escluda. Diversa è la situazione in un locale di lusso, dove parte della clientela viene per snobismo o per gustare da vicino la distanza imposta da taluni privilegiati: ma ciò non ha senso nell'universo quotidiano del bistrot, dove l'intimità ostentata da alcuni è subito percepita dagli altri come un'esclusione o, più ancora, come un'intrusione abusiva della vita privata in uno spazio pubblico.

Il bistrot è uno spazio convenzionale. Aggettivo ambivalente, questo: vale a definire atteggiamenti consueti, stereotipati, poco originali, ma allude anche all'esistenza di una "convenzione", a una sorta di accordo collettivo. Nel caso del bistrot, l'accordo è tacito o, meglio, la dimensione che vi è implicita sopravanza ampiamente le prescrizioni legali, per esempio in merito all'età di chi può consumare alcolici.

Nello spazio del bistrot, le trasgressioni sono tutto sommato poca cosa, ed è degno di nota il fatto che tutti sembrino rispettare istintivamente la presenza del vicino, per esempio adeguandosi con facilità al divieto imposto di recente riguardo al fumo. A volte, le cose sono state facilitate da una ristrutturazione più o meno astuta (per esempio, quando si è riusciti a separare rigorosamente lo spazio dei tavoli esterni dall'interno del locale, garantendone la tenuta stagna). Ma più di ogni altra cosa è degna di nota la nuova conquista dello spazio, alla quale il divieto ha offerto il destro. Qualcuno si era meravigliato che l'iniziativa in materia fosse partita dall'Italia: va comunque detto che il clima di quel paese consente di frequentare lo spazio esterno in modo più intenso e sistematico che nei paesi settentrionali. Sta di fatto che, seguendo l'esempio italiano, molti, in Francia e in altri paesi europei, hanno colto nel divieto di fumare all'interno di ristoranti e caffè l'occasione di una nuova forma di socievolezza. Taluni commensali si scusano con un sorriso chiedendo ai vicini il permesso di alzarsi da tavola per andare a fumare. Fuori, incontrano gli esuli provvisori dei tavoli vicini, con i quali si mettono ogni tanto a chiacchierare. Per breve tempo, il marciapiede si trasforma in una pubblica piazza, mentre in sala, all'interno, si saluta con allegria il ritorno dei fumatori, la cui assenza ha segnato un intervallo, prima dell'insalata o del formaggio. Ciò facilita anche qualche conversazione appartata, all'interno o all'esterno: capita che la voce cambi tono per scambiarsi una confidenza veloce o una notizia di poco interesse per gli altri. Quando è ben regolato, il va e vieni di chi si alza e poi torna a sedersi si armonizza con il balletto dei camerieri anziché complicare loro il compito. Anche in questo caso, la qualità della vita e dei rapporti tra gli uni e gli altri dipende dalla capacità di gestire in modo flessibile ed efficace il tempo e lo spazio. Chi lascia un momento la tavola per poi farvi ritorno sottolinea l'ambivalenza del dispositivo d'insieme – ambivalenza spaziale (interno/esterno) e temporale (pausa/movimento) – attraverso la quale si esercita, nel senso pregnante del termine, il fascino del bistrot.

Uno spazio in movimento

"Andiamo a bere un bicchiere?" Rispondere alla domanda (così come porla) significa cedere in anticipo a una particolare forza d'attrazione, un tropismo che ci spinge proprio verso quel bistrot anziché un altro – quando è possibile scegliere – e, all'interno, verso un certo angolo anziché un altro. La questione delle preferenze d'ordine spaziale è importante, perché nella vita quotidiana si presentano di rado: da questo punto di vista, quando le circostanze sono favorevoli, il bistrot rappresenta un luogo ideale. Nella *brasserie* che mi capita di frequentare, ho notato un uomo che si accomodava ogni mattina sempre allo stesso tavolo, in una posizione eccezionale (con vista simultanea sul bancone, la sala e i tavoli all'esterno), approfittando del collegamento del locale con lo spazio cibernetico (Wi-Fi gratuito) per rispondere alla posta o lavorare al suo computer. Ricercatore? Scrittore ispirato? Redattore di relazioni tecniche e confidenziali? Lo ignoro. Vero è che quell'uomo riservato realizza l'ideale di una forma di vita incentrata su una precisa attività in un luogo ben definito, nel quale è compiutamente risolta la convenzione sociale implicita nel bistrot: un cenno al bancone e gli portano il terzo caffè della mattina; quindi, arrivato mezzogiorno, la sua birra traboccante di schiuma insieme con il panino burro e prosciutto, dal quale l'uomo stacca un morso per poi masticarlo lentamente continuando a elaborare la sua prosa mattutina.

Si racconta che Hemingway, quando abitava a Parigi, d'inverno si rifugiasse fin dal mattino in un bistrot – La Closerie, per essere precisi – perché lì stava al caldo. Per lui era qualcosa che rassomigliava a uno spazio chiuso, morbido e talvolta ciarliero e, nel contempo, anche a un ufficio in cui lavorare e così pure a un salotto in cui ricevere.

Equilibrio ideale e fragile dei diversi spazi, andirivieni di camerieri e cameriere che si affaccendano con maggiore o minor talento, destrezza e parlantina; passaggi più rari del padrone che, ogni tanto, viene a salutare l'uno o l'altro dei clienti abituali: quando gli ingranaggi sono ben lubrificati, la macchina funziona senza scosse anche negli orari in cui spesso il ritmo inevitabilmente raddoppia per la compresenza, oggi prevalente, di caffè e ristorante. La nave ha il suo capitano, il bistrot ha il suo padrone, direttore d'orchestra più o meno visibile, ma la cui abilità anche diplomatica risulta essenziale all'armonia dell'insieme: è la fonte da cui proviene, all'occasione, il senso di benessere e di pace che coglie d'improvviso il cliente entrato di fretta, che ora si sorprende voglioso di attardarsi, senza altro motivo che quello di prolungare il piacere di una tregua imprevista.

I bistrot sono aziende più o meno importanti. Alcuni padroni sono proprietari anche di più d'un locale. Si ha pertanto, a buona distanza, da una parte la presenza gioviale e ciarliera del padroncino di un piccolo bistrot, che lava lui pure le stoviglie mentre discute con i clienti asciugando energicamente i bicchieri con uno strofinaccio da cui sembra non volersi mai separare, tutt'al più gettandoselo sulla spalla quando non gli serve, quasi fosse una cordellina militare; dall'altra, la presenza felpata, più discreta ma non meno attenta, del padrone di casa in una grande *brasserie*. Talvolta, quest'ultimo delega parte delle responsabilità a uno o due assistenti, il cui grado è rivelato dal fatto che vestono "in borghese", senza grembiule. In ogni caso, la buona armonia tra tutti coloro che lavorano nel locale, a qualsiasi titolo, è garanzia del piacere che i clienti provano nel frequentarlo; viceversa, il minimo diverbio tra camerieri o un richiamo del padrone suscitano profondo malessere tra quanti vedono nel bistrot innanzi tutto un porto di pace.

Ciò che "fa" il bistrot è, pertanto, meno la funzione (caffè o ristorante) che non lo spazio o, più precisamente, lo spazio in movimento, e così pure il tempo o, più precisamente, l'uso del tempo quotidiano che, da mattina a sera, vanta una disponibilità assoluta. La gestione delle ore morte e delle ore di punta presuppone un'organizzazione attenta e, idealmente, invisibile. In un bistrot che ancora non si conosce è fastidioso che esigano subito il pagamento. In un bistrot familiare, il cameriere o la cameriera che hanno finito il turno sono dispiaciuti, loro per primi, di dover "fare cassa" e pertanto chiedere di pagare il conto.

La principale fonte di soddisfazione è proprio la combinazione armoniosa di spazio e tempo. Bistrot ideale è quello in cui, secondo l'umore della giornata, è possibile scivolare con circospezione nella sala sul retro oppure avvicinarsi al bancone o, ancora, affrontare apertamente il mondo esterno sedendosi a uno dei tavoli all'aperto, siano essi protetti o no (anche in quel caso, dipende dall'umore e… dal tempo). Quando la sensazione di un'improvvisa esigenza coincide con la possibilità concreta di soddisfarla ("Si è appena liberato un tavolo, può sedersi al solito posto" sussurra, complice, il cameriere) sgorga in noi una sensazione di felice pienezza: sproporzionata e inopinata, è vero, ma dipende dal fatto che ne trai la certezza che, per questa volta, le cose si sono messe bene.

Uno spazio rituale

Noi abbiamo bisogno di rapporti superficiali. Le parole che ci scambiamo nel conversare sono spesso più importanti per il fatto di essere scambiate che non per il loro contenuto. Sono importanti per il semplice fatto di essere pronunciate e rivolte a un altro, anche quando non gli dicono nulla; nulla più di ciò che lui stesso dirà rispondendo al suo interlocutore. Le parole scambiate per non dire nulla obbediscono a un intento consapevole: quel che importa è lo scambio. Nel momento in cui si appoggia al bancone, commentando il tempo che fa o preoccupandosi di quello che farà o, se quel giorno poco gl'importa della meteorologia, arrischiando un pronostico o un commento sportivo, magari persino una banalità prudentemente politica, chi prende la parola lo fa soltanto per verificare che le cose siano in ordine. Un po' come il giocatore di tennis che, entrando in campo, si mette a palleggiare per scaldarsi e dal compagno di gioco non si aspetta altro che i soliti colpi e repliche senza sorpresa. Ogni volta che, per una ragione o per l'altra, siamo privati di questa possibilità di scambi puramente formali (se ci troviamo immersi in un ambiente estraneo o forzatamente isolati da una degenza in ospedale), subito ne avvertiamo la mancanza e ne misuriamo la necessità.

Capita di schernire con perfidia le "chiacchiere da bar", simbolo di felice idiozia e banalità soddisfatta, ma ciò significa attribuire loro una pretesa che non hanno, nel contempo ingannandoci sulla natura dello scambio. Quando parliamo di profondità, usiamo una metafora. I discorsi profondi, un pensiero profondo sono un invito a riflettere (Ma dove va mai a pescarle, queste cose?), a spremersi le meningi, magari a interrogarsi (Ma dove vuole arrivare?), a guardare fisso davanti a sé per immergersi soltanto in se stessi. Atteggiamento, questo, non impensabile nell'ambiente del bistrot, ma certamente non il più consueto né il più ovvio. Lì ci si aspetta, semmai, di ascoltare parole più "superficiali" – se vogliamo attenerci alla stessa metafora –, battute leggere che non mirano a concludere alcunché, chiacchiere che non corrispondono né all'eventuale serietà del momento né al carattere tragico della condizione umana. Meglio sarebbe, forse, accantonare la metafora per interrogarci su che cosa siano, non già i rapporti "superficiali" – qualificati per tali in quanto implicitamente contrapposti ad altri, che lo sarebbero meno –, ma più precisamente i rapporti di superficie. Sono, questi ultimi, i rapporti con chi ci sta di fronte o accanto: la superficie non è, primariamente, quella delle cose o delle parole, bensì quella dei volti o, in senso lato, dei corpi; quella che il cinema muto ha esplorato per trarne qualcosa che va oltre le semplici parole: sentimenti, paure, speranze. Così privilegiando lo scambio di sguardi e gesti, al punto di trasformare i sottotitoli, che pretendevano di renderli espliciti, in puri e semplici pleonasmi.

Se lasciamo scorrere lo sguardo all'interno di un grande caffè parigino, in pieno pomeriggio, ci sembra di guardare un film muto: uno squarcio di vita, contrastato e variegato, per di più privo di sottotitoli. Tuttavia, la copia restaurata è spesso accompagnata da una partitura musicale invadente e alquanto imbarazzante, dal momento che non sembra adattarsi ad alcuna delle scene cui assistiamo. Chi ceda alla tentazione di cogliere la visione d'insieme dello spettacolo indovinerà, a margine degli scambi amicali o amorosi, diversi segnali di noia, tensione o collera. Sarà testimone, per esempio, di quella che immagina essere la scena di una rottura. In quei casi, di solito, il carattere pubblico del luogo impone ai protagonisti un certo riserbo e, tutto sommato, è forse meglio che il rancore o il dolore trovino sfogo in uno spazio convenzionale e pubblico anziché nell'intimità di un colloquio a due. La violenza e l'esplosione dei sentimenti sono contenute, l'irreparabile è forse evitato, ma l'osservatore occasionale – pur facendo mostra di guardare altrove – noterà i gesti impacciati di lui o di lei che, vedendo l'altro che si alza all'improvviso per abbandonare il campo, dopo pochi istanti di esitazione comincia a frugare in tasca o nella borsa per pagare il conto, quindi si alza a sua volta e cerca di andarsene con l'aria più naturale possibile, come se nulla fosse accaduto.

I rapporti di superficie sorvolano anche la superficie delle cose. Forse che per questo le ignorano? "Come va?" "Che c'è di nuovo?" "Felice di vederti!" "Da quanto tempo!" Frasi pronunciate, in genere, senza aspettarsi una vera risposta: corrispondono al desiderio di assicurarsi che tutto va bene, quasi bene, bene come al solito. Il minimo dubbio nella risposta vale come un segnale d'allarme. Quando la reazione non è un semplice invito a lasciar perdere, il fare spallucce, un sospiro, gli occhi al cielo, la replica secca e inattesa ("Male!") o il "Boh…" dubitativo possono diventare punto di partenza di una conversazione "seria", di una confidenza a cui si dà voce più facilmente nello spazio di transito del bistrot che non sul posto di lavoro o per strada: "Su, andiamo a bere un bicchiere qui di fronte: a quest'ora, si sta tranquilli". Almeno una volta, tutti siamo stati testimoni, da lontano s'intende e senza cercare di captarne i particolari, di una scena durante la quale le parole dell'uno – febbrili, smozzicate o volubili – si consegnavano all'ascolto di un altro per confidargli angoscia, collera o pena. Sotto la calma piatta del tran tran quotidiano si nascondono i bassifondi della vita, la tragedia delle rotture, la minaccia dei naufragi. In questo senso, il bistrot possiede l'indifferenza lontana che è propria della natura; nel nostro caso, tuttavia, popolata di presenze umane: il frastuono di fondo, come la risacca del mare, autorizza lagnanze e collere discrete che qui, talvolta, si sgonfiano prima di acquietarsi a poco a poco.

I rapporti di superficie, necessariamente, si palesano. Agli uni strappano un sorriso, mentre sul volto di altri iscrivono segni di sorpresa, stupore, protesta o persino entusiasmo, quando si fa strada la certezza di una sintonia o di una simpatia. Il bistrot è il luogo in cui si mischiano i generi, il luogo della tragedia e della commedia, delle parole che non dicono nulla e dei silenzi che la dicono lunga, delle risate squillanti, dei sospiri soffocati e delle malinconie inspiegate. I gesti appena accennati, le espressioni fugaci, le ombre passeggere e le improvvise schiarite hanno ovviamente attratto lo sguardo dei fotografi: Cartier-Bresson, Doisneau e altri ancora hanno saputo catturare istantaneamente, nel cuore dei bistrot di Parigi, scene capaci di restituirci particolari che raccontano un'epoca ma, al di là di questo, hanno saputo captare la presenza conturbante e senza tempo dei corpi e dei volti.

Così, in quanto spazio convenzionale, il bistrot diventa per molti anche spazio rituale. Luogo che si presta a piccoli riti la cui posta in gioco non è spettacolare. Nondimeno sono riti, se consideriamo che negli incontri programmati o magari improvvisati al caffè o al ristorante è in gioco qualcosa che attiene al rapporto sociale, tant'è che ciascuno può uscire da quegli incontri con la sensazione di aver perso il proprio tempo, sì da essere talvolta persino demoralizzato; altre volte, per contro, in preda a un'allegria irrefrenabile con la certezza di aver vissuto un momento importante.

Un momento importante, per noi umani, non è necessariamente quello in cui ricaviamo dalla conversazione la certezza di avere scoperto una verità o incontrato l'amore: più modestamente, è un momento dopo il quale ci sentiamo esistere nello sguardo dell'altro, così come l'altro si è sentito esistere nel nostro. Questo è il rito: si ripete ma, quando è riuscito, non è mai del tutto uguale; qualcosa è accaduto. Ne fa fede, a volte, l'intensità degli sguardi e degli scambi in sala e nello spazio all'aperto, come se la situazione originale e persino paradossale dei bistrot (andare a bere un bicchiere equivale a "uscire" per installarsi in un altro spazio protetto, coniugando l'abitudine e l'istante, la permanenza e il provvisorio, l'altrove e il qui) facesse di esso un luogo privilegiato in cui sperimentare, vivere e ritrovare il rapporto.

Possono verificarsi, naturalmente, anche situazioni limite, il che dipende soprattutto dalla natura e dal numero delle bevande consumate. Ma avviene di rado che un intero gruppo passi dall'eccitazione intellettuale al completo abbrutimento, e in genere chi sprofonda è riportato alla ragione e a casa dai compagni, che forse gli rimproverano tacitamente di aver mandato all'aria un'esperienza sottile e preziosa, anche se la delusione è mascherata dalle risate e dagli scherzi che i sopravvissuti si scambiano tra loro.

Parecchio tempo fa, partecipavo alle mie prime sessioni di laurea insieme – lo ricordo in particolare – con un collega più anziano, un po' sopraffatto dal numero di tesi prodotto dall'indulgenza di cui aveva dato prova al momento delle iscrizioni. Il collega era un depresso, cosa nota a tutti nella cerchia più ristretta, e lui sapeva che noi sapevamo, sebbene ignorassimo le ragioni precise della sua condizione. Chiusa la sessione, avevamo preso l'abitudine, lui e io, di ridiscendere rue de la Sorbonne per recarci al Balzar. Era un uomo acuto e colto, ma sono convinto che le nostre conversazioni, che a me davano piacere e che, sono certo, rappresentavano per lui un momento di tregua nella lotta contro la disperazione, erano assimilabili a episodi rituali e a una terapia. Conversavamo un po' pigramente davanti a due grossi bicchieri di birra, simili a quelli che Sartre aveva mostrato di apprezzare anni prima – i suoi "formidabili" – evocando probabilmente sempre gli stessi aneddoti del nostro piccolo ambiente, per poi scivolare verso qualche considerazione più ambiziosa e più indefinita e, infine, separarci. Non sono affatto certo che il mio collega si sentisse meglio, una volta rientrato a casa e, peraltro, il nostro rito non poteva avere alcun effetto duraturo, eppure sono sicuro che, in occasione di alcune sessioni alle quali abbiamo preso parte insieme, gli fosse di conforto il pensiero della tregua che sarebbe seguita. Né avremmo potuto immaginare, per le nostre chiacchierate, un luogo diverso dal bistrot: un luogo che, nella circostanza, fosse un po' nostro ma s'iscrivesse in una lunga storia alla quale noi aggiungevamo un episodio assai modesto, che tuttavia mi torna alla memoria ogni volta che passo davanti al Balzar, così come ripenso al collega, scomparso poco dopo un'ultima sessione.

Julie

Il bistrot parigino è una sorta di ammezzato fuori di casa. Quando esco, mi fermo un momento alla *brasserie* vicina, il mio bistrot, di cui, come si suol dire, sono un *habitué*. Appena mi vede, François infila la tazza sotto la macchina del caffè e mette in cantiere un ristretto. Poi fa slittare verso di me, sul bancone, il cesto pieno di croissant dorati, mi posa davanti un piattino con un tovagliolo di carta, si gira un istante e mi porge con un sorriso la tazza di caffè: "Tutto bene stamattina? In forma?". Pochi secondi in tutto. Già non sono più a casa, ma non ancora altrove.

Lo stesso avviene al ritorno, o meglio, l'impressione è simmetrica e inversa: ho appena avvistato il bistrot, non sono ancora a casa, ma non sono nemmeno più altrove. Poco importa che mi fermi per una sosta, il bistrot è lì, come un segno di riconoscimento.

Spazio intermedio? Non soltanto. Vero è che il bistrot costituisce, per un verso, una sorta di prolungamento dello spazio domestico nello spazio pubblico (ogni mattina, è lì che getto la prima occhiata al giornale e mi capita di scambiare con François o con un altro consuetudinario del bancone qualche parola sul tempo che fa); per altro verso, è un'anticipazione del ritorno a casa (non devo dimenticare di passare in tintoria a ritirare la giacca). Nondimeno, il bistrot è anche un luogo a sé stante, con la sua scenografia e i suoi attori, con la sua storia. È un frammento di vita incuneato nella mia, così come in quella di altri, ma senza che per questo arriviamo a costituire una comunità o un'associazione o un "collettivo". I miei rapporti con il padrone o i suoi dipendenti sono facoltativi, non prescritti da alcun ordine a priori, pertanto aleatori, eppure sono consapevolmente vissuti quasi derivassero da una convenzione implicita. Quanti lavorano nel bistrot, per non dire delle centinaia di clienti, hanno ciascuno la propria vita, della quale ignoro tutto, ma a partire dalla quale ognuno può cercare di immaginare, al pari di me, ciò che significa la propria presenza in quel luogo. Il bistrot è un luogo tra i luoghi.

Quando François prende un giorno di permesso, lo sostituisce dietro al bancone Julie, che di solito serve in sala. Nel giorno di Julie ha luogo una sorta di mobilitazione tra i vecchi *habitués* del bancone, i fedeli della prima ora. Va detto che, senza parere, Julie fa colpo. Una figurina di silfide, sguardo limpido e – a commovente contrasto – la voce un po' strascicata di parigina gioviale. Ogni vegliardo butta lì il suo complimento più o meno azzeccato, a volte un po' grossolano, però mai volgare. Imperturbabile, lei ascolta tutti senza prestare orecchio, mentre si affaccenda vispa alla macchina del caffè, si destreggia abilmente con tazze e piattini, regala una parola e un sorriso a tutti, riuscendo qualche volta perfino a scambiare una battuta, oltre la testa dei vecchi ammiratori allineati in fila indiana, con qualche giovane cliente di passaggio. Impersona il ruolo a meraviglia e, sebbene François rimanga signore incontrastato del bancone, ci si rallegra sempre quando inaspettatamente, nei momenti di ressa, lei viene a dargli una mano, tocco femminile in un quadro di genere per lo più maschile quale si presenta la scena abituale al bancone.

Come a teatro, anche nel bistrot la distribuzione dei ruoli ha molta importanza. Chissà se François e Julie non giochino pure loro a essere quali mi appaiono, così come il cameriere che Sartre osservava al Dôme, alla Coupole, al Flore, ai Deux Magots si divertiva a recitare la parte del cameriere. Certamente sì, come pure tutti noi, lì intorno, recitiamo la parte dei clienti ai quali attiene uno stile molto particolare, noi clienti abituali, quelli "riconosciuti" da François e Julie e pochi altri, ai quali è riservata un'accoglienza discretamente complice, quasi avessimo anche noi una parte nella distribuzione dei ruoli, sia pure in veste di comparse. In cuor loro, molti provano nostalgia per i film di Claude Sautet o di Yves Robert, ed è per il fatto che l'amicizia, più che l'amore, vi appariva sempre senza macchia e si traduceva, quando le cose andavano per il giusto verso, nella spontanea allegria degli incessanti incontri al bistrot. Dove ciascuno degli eroi, per dirla con le parole di Sartre, colma il vuoto dell'in sé con i giochi inebrianti del per sé: e giustamente il bistrot vi compare quale spazio teatrale o, più esattamente, quale spazio di una performance, in cui ognuno improvvisa la propria partitura con maggiore o minore talento o convinzione. Deliziosa malafede…

Ciò non toglie che i clienti, per quanto lo spettacolo al quale prendono parte sia interattivo, rimangano in primo luogo consumatori nonché dilettanti rispetto ai professionisti che si mettono provvisoriamente al loro servizio. Il gioco scenico ha un tempo soltanto. Può sempre ricominciare, ma deve interrompersi quotidianamente.

Un giorno, mentre scendevo lungo il boulevard e passavo davanti alla mia *brasserie* preferita, ho incrociato lo sguardo di una giovane donna seduta a uno dei tavoli all'esterno. Ho esitato una frazione di secondo prima di riconoscerla: era Julie. Ci siamo scambiati un timido saluto, poi mi sono infilato nel metrò. Non si era allontanata dal perimetro del suo lavoro e, in fin dei conti, si stava probabilmente concedendo soltanto una breve pausa – sufficiente, tuttavia, a mutarne lo statuto. La nostra relativa familiarità esisteva soltanto all'interno del rapporto fra cliente e cameriera mentre, non appena cancellati i simboli di quel rapporto tra personaggi, ci ritrovavamo a essere "altri", nonché assai imbarazzati nel dire o pensare ciò che riconoscevamo delle nostre rispettive persone. Forse, un analogo imbarazzo o senso d'incertezza è percepito da chiunque incroci per strada un attore o un'attrice di una certa fama. Stretto(a) tra la simpatia colma di ammirazione e di familiarità che il personaggio dell'attore gli (le) ispira e l'improvvisa evidenza di una radicale alterità di fronte a quella presenza insolita, l'uomo o la donna si limiteranno ad abbassare il capo, forse anche ad abbozzare un sorriso, aspettando di raccontare l'"incontro" la sera agli amici.

Il rapporto tra cliente e cameriere o cameriera è ancora più complesso sia per il fatto che coinvolge i due personaggi in un reciproco gioco delle parti, del quale è evidente il carattere contrattuale, sia perché si manifesta in linea di massima soltanto durante le ore di servizio in forma provvisoriamente gerarchica ("Cameriere! Una birra!").

In genere, i clienti, anche i più fedeli, si attengono quanto i camerieri, anche i più ciarlieri, a un certo riserbo. Il fascino del bistrot di cui si è clienti abituali risiede nel reciproco quasi anonimato di chi serve e chi è servito. Conoscevo i nomi propri di François e Julie soltanto per averli sentiti pronunciare da qualche vecchio cliente o da un loro collega. Ma quei nomi fanno parte dei personaggi: potrei figurarmi senza sforzo che siano nomi fittizi, nomi di scena che entrambi mettono da parte non appena a casa, dove riprendono il loro vero nome. A dispetto della familiarità apparente che a volte si manifesta nel bistrot, i rapporti rimangono scrupolosamente circoscritti a quello spazio, ed è quanto conferisce loro un certo "gioco", una libertà particolare. Se i camerieri recitano la parte di camerieri, ciò avviene probabilmente perché scoprono in quell'occasione i piaceri di un'identità legittima e riconosciuta, ma che non comporta rischi di sorta. I più bravi tra loro hanno sempre pronta la battuta che muove al riso o al sorriso, e cercano di mostrarsi di buon umore, rendendolo così contagioso. Sanno scherzare con i clienti che servono, offrono un cenno di riconoscimento a quelli che ricordano essere già venuti, esibiscono un briciolo di controllata familiarità con i clienti abituali; scompaiono e compaiono quasi fossero una paratia, pura emanazione di un luogo nel quale, in linea di massima, nessuno li vede mai arrivare e che nessuno li vede quasi mai lasciare. Questa identità senza radici, "fuori suolo", come diciamo di certe culture in città, regala ai clienti la libertà di concedersi talvolta uno scambio gratuito di parole e gesti. Nei limiti in cui lo desidera, ciascuno fa la propria parte improvvisando, come nel jazz, le proprie variazioni su un tema a tutti noto e facilmente riconoscibile.

Parigi sognata

Maigret

Maigret, commissario sensibile al sapore di un grappino o di un calice di bianco, lascia che le inchieste procedano al ritmo delle sue consumazioni nei vari bistrot, là dove trovano espressione abitudini e mentalità di una località, una regione o una professione. Finché tutto si conclude al quai des Orfèvres con panini burro e prosciutto e birre che il commissario si fa mandare dalla *brasserie* Dauphine, di cui apprezza – chiusa l'inchiesta – la confortante cucina classica.

Affondare i denti nei panini della *brasserie* è una maniera di riprendere voluttuosamente il posto abituale, di concludere il caso, di completare un percorso segnato da molte scorciatoie e molti incontri, soprattutto in hôtel-ristoranti, ristoranti o caffè, a Parigi e in provincia. Nel ricordo del lettore, retrospettivamente tutti appaiono immersi nell'atmosfera di cui Maigret ha saputo impregnarsi – imbeversi, verrebbe da dire pensando alla sua straordinaria capacità di assorbimento – fin quando non ne ha estratto la verità, la soluzione del delitto che, in un modo o nell'altro, era proprio lì, nel bistrot, quintessenza del luogo in cui si mescolano, facendo mostra di sé o mimetizzandosi, protagonisti e testimoni del dramma.

Tutto è già stato detto e scritto sui bistrot di Maigret e le sue forme di ghiottoneria, sulla voluttà con cui l'uomo riesce ad amalgamarsi in un ambiente, sulle prime, estraneo. Ma ci si potrebbe interrogare anche sulle ragioni dell'intenso piacere che provano i più fedeli lettori di Simenon nel seguire il commissario durante i suoi momenti di attesa e osservazione passiva, impregnandosi come lui del fascino torbido delle bettole di passaggio o degli alberghetti di campagna, quali oggi non si trovano più. Forse si abbandonano con la fantasia al puro piacere del rifugio e dell'attesa, del tempo sospeso, caratteristico di alcuni luoghi creati dalla penna dell'autore? Forse vivono per procura e per un momento in un bistrot che hanno sempre sognato?

Simenon è un procacciatore di sogni. Maigret, commissario investigatore che si lascia trasportare o, meglio, penetrare dall'ambiente che scopre, vuoi a Concarneau vuoi sulle chiuse della Senna, è un poliziotto di sogno. La Parigi che percorre in taxi o sulla piattaforma di un autobus è una Parigi sognata. I romanzi di cui egli è il massiccio eroe brontolone invecchiano bene forse perché, con il passare del tempo, sembrano a distanza più realistici e verosimili. Quei romanzi, un po' come il seppia delle vecchie cartoline che stinge su alcuni nostri ricordi, impongono il loro colore a un passato che, rileggendoli, ci sembra di ritrovare.

Aragon
o l'ebbrezza dei luoghi

"Sono soltanto di passaggio": questa l'implicita battuta del passante che si ferma un momento al bistrot, affiancandosi ad altri passanti, a lui noti o sconosciuti. Soltanto di passaggio lo è anche quando vi si attarda un poco oppure, quasi fosse calamitato dal luogo, ripassa di lì una o due volte nella stessa giornata. Il bistrot è la misura del tempo. Di certo perché ha un orario di apertura e chiusura (tristezza dell'ultimo cliente aggrappato al bancone come a una boa di salvataggio frammezzo al chiasso delle ultime sedie che i camerieri vanno sistemando e impilando…), perché ha un respiro quotidiano, tra le ore di punta e i momenti di calma piatta, per non dire dei momenti di felicità ufficiale, gli happy hour, quando birra, cocktail e aperitivi costano meno cari. Sicuramente anche perché offre asilo a quanti non sono riusciti a governare perfettamente l'uso del proprio tempo e si trovano all'improvviso senza aver niente da fare, in anticipo, obbligati ad aspettare il prossimo appuntamento, senza altra soluzione per ammazzare il tempo che fermarsi in un bistrot. Ma anche – ed è la cosa essenziale – perché per gli autentici fedeli la frequentazione di un bistrot implica, in senso più ampio, un rapporto particolare con la vita e la città. Da questo punto di vista sono molto eloquenti le esplosioni di collera che Aragon rivolge, nel suo *Le mauvais plaisant*, a chi gli rimprovera di frequentare i caffè.

> Io vado al caffè perché mi va a genio. Nei caffè passano più donne che da qualsiasi altra parte, e io ho bisogno di quell'andirivieni di donne. Ho bisogno degli abiti che sventagliano nel lungo cammino dei miei occhi. E di comunicare appieno con le strade. Io sono l'uomo delle strade, lo sono sempre stato, e non finirò tanto presto di esserlo.

L'uomo delle strade, il passante, il *flâneur* è figura della grande città, ed è comprensibile che i *passages* parigini abbiano rallentato il passo e sollecitato la fantasia di alcuni grandi sognatori. Il *passage*, interstizio per eccellenza, ha una vita propria, ha propri orari, mestieri; ha interni che sono doppiamente interni nonché bistrot che sono doppiamente luoghi di passaggio, doppiamente rifugi e doppiamente effimeri. Nel *Paesano di Parigi*, Aragon tesse l'elogio di due caffè da lui frequentati a lungo: il Petit Grillon, dove giocava a baccara e a poker d'assi, nel passage de l'Opéra – destinato a scomparire non appena ultimati il boulevard Haussmann e il relativo congiungimento con il boulevard des Italiens –, e il Certa, di cui apprezzava in modo speciale il porto.

È questo luogo dove verso la fine del 1919, un pomeriggio, André Breton e io decidemmo di riunire ormai i nostri amici, in odio a Montparnasse e a Montmartre, per il gusto anche dell'equivoco dei *passages* e sedotti probabilmente da uno scenario inconsueto che doveva diventarci così familiare, questo luogo fu la sede principale delle assise Dada...

I due caffè hanno il medesimo proprietario, del quale Aragon elogia le capacità organizzative e diplomatiche. Il Certa offre un'atmosfera di calma e tranquillità: il legno dei tavoli, i vetri e gli specchi, il bancone e il divanetto in similpelle compongono un "luogo delizioso... dove regna una luce di dolcezza". Aragon è altrettanto sensibile al fascino della giovane donna alla cassa, garbata e graziosa, e spesso le telefona per il piacere di sentirla rispondere: "No, Signore, nessuno l'ha cercata" oppure: "Non è venuto nessuno dei Dada, Signore". Inoltre si compiace di descrivere con la minuzia di un etnografo e l'entusiasmo di un fedele praticante i particolari delle consumazioni proposte nel locale. Ancora oggi assaporiamo con diletto la lettura dell'inventario.

Voglio consacrare un lungo paragrafo riconoscente alle consumazioni di questo caffè. E anzitutto al suo *porto*. Il porto Certa si prende caldo o freddo, ne esistono parecchie varietà che gli amatori apprezzeranno. Ma il porto rosso ordinario, che costa due franchi e cinquanta, è già tanto raccomandabile che temerei di nuocergli parlando degli altri.

Mi spiace di dover dire che il buon porto si sta facendo sempre più raro a Parigi. Bisogna andare a Certa per poterne bere. Il padrone mi assicura che non senza sacrificio riesce a fornirne la clientela. Vi sono dei porto il cui gusto non è malvagio, ma solo troppo labile. Il palato non li ritiene. Svaniscono subito. Nessun ricordo ne resta. Non è questo il caso del porto di Certa: caldo, fermo, assicurato, e davvero *timbrato*. E il porto non è qui la sola specialità. Vi sono pochi locali in Francia dove si possegga una tal gamma di birre inglesi, che vanno dalla scura alla chiara passando per il mogano, con tutte le variazioni dell'amarezza e della violenza.

Vi raccomando, ma non con il sentimento della maggior parte dei miei amici che (eccetto Max Morise) non la gustano come me, la *strong ale* a due franchi e cinquanta: è una bevanda sconcertante. Raccomanderei anche il Mousse Moka, sempre leggero e ben legato, il Théatra Flip e il Théatra Cocktail per usi diversi...

Di recente, ero intento a rileggere Aragon con una certa nostalgia quando il caso concreto di un appuntamento, fissato da altri, mi ha riportato nella galerie Vivienne, IIe arrondissement, nei pressi della Borsa. Ero in anticipo e mi sono seduto in un locale dove la scura lucentezza dei tavoli di legno ha richiamato alla mia immaginazione di lettore i tavoli del Certa. Si chiamava Bistrot Vivienne e, con i suoi arredi, le due sale separate per il caffè e il ristorante, i tavoli all'esterno che davano sul *passage*, mi è subito apparso come la quintessenza del bistrot parigino. Parlando del Petit Grillon e del

Certa, Aragon non usa il termine "bistrot", e mi sono domandato se lo avesse escluso dal proprio vocabolario. Alcuni versi del suo *Roman inachevé* mi hanno tranquillizzato:

> A Saint-Michel amavo il Cluny per la sua piazza
> Poiché offre ombra e raggi ai nostri mattini precari
> Sull'angolo tra rue Bonaparte e il lungosenna
> Amavo l'alto Tabac dove mancava il sole
> Vi fu la stagione della Rotonde e quella
> Di un qualsiasi bistrot dalle parti di Courcelle…

Aragon ama evocare i periodi in cui un certo caffè lo seduceva più di un altro e dove "toccava terra" come il nuotatore che trova un'isola o uno scoglio. È ciò che chiama "ebbrezza dei luoghi", e ho scoperto che alcuni dei luoghi che gli avevano ispirato tanta "ebbrezza" li avevo frequentati anch'io in diversi periodi della vita: così, il Canon de Grenelle, quando abitavo nel XVe "chic", o il Cluny, scomparso tanto tempo fa dal crocevia che collegava il Luxembourg alla Senna e Odéon a place Maubert, nei cui pressi ho abitato a lungo. A volte è sufficiente sentir pronunciare il nome di un bistrot, e subito si risvegliano simpatie segrete o risuscitano all'orizzonte della memoria ricordi sparsi e miraggi lontani.

Uno spazio romanzesco

Il *Paesano di Parigi* è stato pubblicato nel 1926. A quell'epoca, il Certa descritto da Aragon era stato trasferito in rue de l'Isly, a lato di place Blanche. Da allora in poi, gli amici di André Breton si sarebbero ritrovati alla brasserie Cyrano (all'82 di boulevard de Clichy, stesso proprietario del Moulin Rouge nel XVIIIe arrondissement). Al posto del Cyrano, oggi si trova un "Quick", locale di ristorazione veloce (*fast food*, secondo il lessico internazionale). Tutti sappiamo che la memoria è al tempo stesso fedele e infedele, ed è sufficiente consultare Internet per convincersi che Certa e Cyrano esistono ancora. Il *Guide des meilleurs brunchs* invita il pubblico a consumare un "brunch storico" al Certa, che effettivamente si trova ancora in rue de l'Isly, dove era stato trasferito: salvo che le guide riportano la descrizione che Aragon ha fatto del primo Certa, quello nel passage de l'Opéra. Oggi, nei pressi di place Clichy, nel XVIIe, si trova un bistrot di nome Cyrano, apparentemente pittoresco e d'epoca, ma che una guida gastronomica spaccia per essere stato il "luogo di ritrovo dei surrealisti" che si raccoglievano intorno a André Breton e Louis Aragon. Tutto sommato è commovente constatare come certi bistrot rivendichino, fatta salva qualche piccola distorsione, la filiazione da Breton e Aragon, astri ormai tramontati, dei quali si percepisce ancora il fulgore – se appena vi si presti attenzione – in alcuni segreti recessi dell'universo parigino.

L'immaginazione funziona al modo di una memoria artificiale. Numerosi caffè richiamano l'attenzione sul fatto che furono frequentati da scrittori, poeti, artisti o pensatori di primo piano. Alla Closerie, dove Lenin amava giocare a scacchi, una targhetta in metallo fissata all'angolo di un tavolo ricorda a chi vi prende posto che lì si sedevano Verlaine o Hemingway. Il sito Internet dei Deux Magots rievoca che il locale è stato frequentato da Mallarmé, Verlaine e Rimbaud.

Alcuni bistrot, dunque, sono ben presenti alla nostra memoria con il loro carico di storia e di ricordi personali, recenti o remoti, magari anche ricordi di letture, compresi i romanzi. Eppure l'autentica forza dei bistrot è nel loro essere perfettamente attuali, ancora presenti in forza nelle strade di Parigi: diversi l'uno dall'altro, certamente (la definizione non è ancora rigorosamente stabilita), esposti ai soprassalti della storia e della città, più o meno soggetti alle mode e agli umori del momento, ma sempre pronti ad accogliere tutti coloro per i quali la strada rimane un'avventura possibile e quanti non sono mai soddisfatti di dimore troppo fisse, di situazioni consolidate o di orari senza appello.

Tutto considerato, dobbiamo riconoscere che le vie di Parigi, con la loro sovrabbondanza di bistrot, offrono in permanenza straordinarie occasioni d'incontro e, a chi piace, variegate esperienze concrete di rapporti umani: vi è chi (questione di temperamento) ama abbandonarsi al caso e all'attesa, mentre altri, più interventisti, magari forzano un po' le cose, danno il via a una conversazione, sollecitano qualche reazione. Entrambi i comportamenti sono tuttavia dettati dal medesimo amore per la strada, la *flânerie* e il contatto; un amore al quale è forse paradossalmente sotteso un certo gusto della solitudine.

Diciamolo: tra la clientela regolare dei bistrot, tra gli autentici *aficionados* del bancone si contano in ben maggior numero i singoli o gli individui che vivono soli rispetto a quanti sono sposati o vivono in coppia, mentre gli uomini sono più numerosi delle donne (pregiudizi e stereotipi sono duri a morire). A voler essere precisi, parte della clientela è assimilabile ai "solitari" tra i quali Aragon vantava di annoverarsi: coloro che, per l'appunto, hanno bisogno dello spettacolo degli altri per essere certi di esistere. Ciò presuppone che caffè e bistrot, lungi dall'essere soltanto rifugio degli storpi della vita o di spiriti deliberatamente romanzeschi, spalanchino le porte ai più diversi tipi di pubblico, offrendo a ciascuno l'occasione di diventare, per parte sua, più o meno consapevolmente e in modo più o meno durevole, attore e spettatore. In definitiva, troviamo qui una forma di tolleranza che potrebbe godere di larga diffusione: nessuno è, infatti, del tutto insensibile all'evidenza discreta di percorsi singolari.

Gli altri esistono, e io li ho incontrati. Al bistrot.

Sono pertanto certo che nei bistrot di una grande stazione parigina come la gare de Lyon (il Train bleu, naturalmente, ma anche la più modesta *brasserie* del pianoterra, il Montreux Jazz Café) sia possibile incrociare *flâneurs* sensibili alle situazioni e ai movimenti in atto, i più diversi: costoro non sono in partenza né aspettano qualcuno, ma seguono con occhio divertito i vani sforzi di una giovane coppia per placare la fragorosa disperazione del loro marmocchio o il nervosismo di un'anziana signora che verifica per la terza volta se ha ben sistemato il biglietto nella tasca del soprabito. Né si limitano a guardare o a osservare, ma si lasciano prendere dal ritmo di arrivi e partenze, si allontanano un istante con il pensiero. Chissà, forse l'uno o l'altro di loro si lascerà stregare e, mollati gli ormeggi, correrà allo sportello per acquistare un biglietto per una destinazione ignota.

Qui, la presenza della stazione non fa che accentuare il ritmo proprio di ogni bistrot, il ritmo di arrivi e partenze, e talvolta, per chi conosca un po' i protagonisti, dei ritorni e degli addii. Un ritmo che costituisce l'essenza dell'emozione romanzesca: a quello stesso ritmo batte il cuore della grande città.

"Romanzesco": una parola che può essere intesa in molti sensi, e in proposito i surrealisti si sono sbranati. Difficile immaginare che un romanzo sia leggibile senza essere romanzesco, nel senso che vi è raccontata una storia, con tutti gli imprevisti del caso e il concatenarsi degli avvenimenti, con i suoi personaggi e il suo narratore. Tuttavia la categoria del romanzesco oltrepassa la definizione del romanzo. Rasenta il meraviglioso, batte in velocità la psicologia, si apre all'inatteso delle situazioni, dei comportamenti, delle peripezie. Forse lo spazio del bistrot può dirsi romanzesco innanzi tutto perché offre all'immaginazione frammenti di storie vissute in tempo reale, delle quali chiunque può immaginare a piacimento, con maggiore o minore logica e fantasia, gli antecedenti e il seguito. Che ne sarà di quei giovani sorridenti, ma un po' tristi, che sorbiscono la loro Coca-Cola con la cannuccia senza lasciarsi con gli occhi? Tra un mese, un anno? E quel vecchio tutto solo che pare guardarli senza vederli, a che pensa? Quale passato gli torna alla memoria? Dove si trova?

Nell'idea di romanzesco è insita anche una forma di voluta passività: sia quel che sia. È proprio dell'avventura, infatti, che essa sorprenda chi la sta vivendo: non se lo aspetta. O, meglio, aspetta senza sapere quel che succederà. L'avventuriero è un tutt'uno con le sue supposizioni, i sospesi, le induzioni. Spinge la porta del bistrot, pronto a ogni evenienza, per poi andarsene e riprendere il corso normale dell'esistenza aspettando – pronto a ogni evenienza – un'altra occasione di attesa e sorpresa.

Chiunque frequenti regolarmente oppure occasionalmente un bistrot possiede, in tal senso, l'anima di un avventuriero, e la forza d'attrazione dei bistrot più attraenti consiste nel saper suscitare, o quanto meno non scoraggiare, la sensazione di attesa che muove e talvolta commuove i clienti. Ma che ne è, allora, dell'altra faccia del rito – la forza dell'abitudine, il morbido rifugio, il conforto della ripetizione – essa pure rappresentata dal bistrot? Tutto questo esiste, certamente, ma tanto quanto il gusto dell'avventura, di cui si sbaglierebbe a sottovalutare la profondità. Anche gli esseri umani sono ambivalenti: vogliono una cosa e il suo contrario, il porto sicuro e il mare aperto, il focolare e il vagabondare, Hestia e Hermes. Vero è, per fortuna, che non tutti sono identici: esistono i sedentari e i nomadi, per esempio. Il miracolo dei bistrot, quando sono miracolosi, è di saper rispondere indifferentemente a bisogni apparentemente in contrasto tra loro. Poco importa che la risposta sia oggettivamente illusoria, che il bistrot non sia propriamente un secondo focolare, che le porte del caffè non si aprano spesso per lasciar entrare un'apparizione da sogno e che, dopo aver fatto scalo, io debba ritrovare il tran tran quotidiano: sotto l'illusione cova il desiderio, e il desiderio dev'essere alimentato; il desiderio è vita, una vita tosta peraltro, sempre pronta, come la Fenice, a rinascere dalle proprie ceneri, per poco che la si aiuti. I bistrot esistono per questo.

I bistrot sono luoghi, nel senso compiuto del termine: al loro interno, la gestione dello spazio è prioritaria e il tempo è un valore. Alcuni non hanno un minuto per sé, quando arriva l'onda di piena, mentre altri gustano un momento di quiete, per pranzo o per il caffè, prima di tornare al lavoro. In un mondo che sembra scommettere soltanto sull'immediatezza e sull'ubiquità, dove la parola d'ordine è nutrirsi in fretta e inghiottire senza pensarci, dove le grandi catene alimentari hanno invaso la Terra intera, la paradossale esistenza dei bistrot può valere come una forma di resistenza.

Prendersi il proprio tempo in un luogo che ci è proprio: una formula che ben definisce l'ideale del bistrot parigino e che oggi ha qualcosa di provocatorio. Aragon non lo avrebbe forse mai sospettato, ma non è escluso che uno dei suoi scritti più rivoluzionari sia, in definitiva, l'elenco da lui stilato per citare con amore e voluttà le consumazioni al Certa.

I pettirossi e l'albatros

Chi vive in periferia o in campagna nota spesso, se ha un giardino, il carattere casalingo di alcune specie di uccelli. Una coppia di pettirossi, per esempio, frequenta ogni giorno gli stessi tre o quattro giardini in cui trova di che cibarsi. I parigini assomigliano ai pettirossi, e la vita di quartiere a Parigi descrive un perimetro che ricorda quei tre o quattro giardini: il panettiere, il negozio di alimentari o il minimarket, la farmacia, talvolta una macelleria sono i punti fissi. Il dispositivo si ripete identico ogni quattro o cinquecento metri. La tintoria o lavanderia e il supermercato hanno un raggio d'azione un po' più ampio e si sostituiscono in genere ad alcuni di quei minisettori. Talvolta, anche alla latteria e alla pescheria (sebbene nei quartieri molto forniti di negozi alimentari, come il XVe, si sovrappongano a uno soltanto). Gli spostamenti quotidiani per il sostentamento hanno luogo, pertanto, entro un perimetro circoscritto, e chiunque si trovi obbligato un giorno a comprare la *baguette* da un panettiere diverso dal "proprio" ha la vaga impressione di non essere nel posto giusto.

Quanto al bistrot, esso gioca sui due fronti. Gli abitudinari del bancone sono in maggioranza pettirossi e vivono a lato del bistrot. Oppure lavorano nei pressi. Peraltro, i "buoni pasto" incoraggiano questa tendenza, che tuttavia non obbedisce ad alcun automatismo: le affinità vi hanno la loro parte. Ricordo che, uscendo da alcuni seminari dell'École des hautes études, preferivamo percorrere duecento metri in più pur di trovarci davvero a nostro agio e davvero tra noi: il padrone intelligente sa valutare, sedurre e catturare la clientela del suo bistrot. Quest'ultimo è pertanto, a un tempo, il più locale e il più aperto dei luoghi commerciali. I bistrot di quartiere, come si è detto, non accolgono esclusivamente i residenti nella zona, e persino i più modesti tra loro sopravvivono solo a patto di riuscire ad attrarre altri clienti, ad assecondare in certa misura i movimenti della città, a cogliere al volo qualche albatros di passaggio.

Quale giusta contropartita, i clienti partecipano dell'immagine del bistrot. Il quale offre servizi e prodotti ed è giudicato in base alla loro qualità, ma anche in base al numero e alla qualità di chi li frequenta, ossia il suo pubblico. In tal senso, l'affluenza è un buon segno e vale come pubblicità. Un turista straniero, a meno che non si rinserri nei locali di lusso segnalati nella capitale, farà comunque bene a prestare attenzione alla clientela dei caffè o ristoranti dove pensa di avventurarsi. Si terrà prudentemente alla larga dai locali che sembrano rivolgersi a lui solamente in quanto intuiscono che è straniero e che rivendicano con insistenza sospetta la propria impronta nazionale (*traditional french cooking*) per cercare di sedurlo. Li riconoscerà da vari segnali, in particolare dall'atteggiamento dei camerieri che, enfatizzando il proprio ruolo, servono con autoritaria noncuranza ai clienti intimiditi piatti scongelati in fretta, prima di incitarli con parole e gesti a unirsi a Edith Piaf, opportunamente chiamata in aiuto al momento del dessert, per cantare che, no, nemmeno loro rimpiangono nulla.

Il nostro turista, il nostro albatros in cerca d'avventura, dovrà dare prova di pazienza e attenzione per sfuggire alle nostalgie prefabbricate o alle figurine di Épinal: scoprirà, invece, i luoghi in cui Parigi vive ancora. In tal caso, non si limiterà probabilmente allo spettacolo dei locali in cui si mangia e si beve, senza per questo disprezzarli. Capirà che un popolo che si concede il tempo di pranzare (molti bistrot, a dispetto della crisi, sono pieni zeppi a mezzogiorno!), e che non disdegna le interminabili discussioni che si dipanano tra i tavoli all'aperto, è un popolo romanzesco, che non vive guardando all'indietro, ma sempre nell'attesa del domani.

I bistrot respirano. I discorsi che vi s'incrociano sono pieni di illusioni e delusioni, desideri e paure, speranze e dubbi: insomma, per dirla tutta, d'intelligenza.

In un momento in cui si vuole trasformare tutto in "patrimonio", senza troppo sottilizzare, può darsi che a qualche difensore della tradizione culturale francese salti in mente, non riuscendo a far brevettare un nome comune, di richiedere all'UNESCO che il bistrot parigino sia iscritto nel patrimonio mondiale dell'umanità: il bistrot, e non già alcuni bistrot, in modo da sottolineare a dovere che è in gioco l'idea, il concetto di bistrot, nonché quello di patrimonio immateriale, com'è stato per il "pasto gastronomico alla francese". Tutti i nostri bistrot, in un sol colpo, iscritti nel patrimonio mondiale! Una buona cosa per il turismo, un vantaggio per il rilancio economico, una passata di lustro sui vecchi stereotipi, una riverniciata delle vecchie glorie e una botta di gioventù per gli slogan in affanno.

Nondimeno, pur con le migliori intenzioni del mondo, sarebbe il colpo di grazia assestato a una realtà tenace eppure fragile, minacciata in pari misura dalla globalizzazione consumistica e dal culto dell'immagine. Già il fatto di qualificare "immateriale" la gastronomia aveva in sé qualcosa di ridicolo. E il bistrot, allora? Il bistrot non è soltanto un'idea: ha una storia, una geografia, ha una "materialità" quale più concreta non si potrebbe immaginare, ha tavoli di legno, banconi di zinco, specchi, lampadari e stoviglie, senza mettere in conto quel che vi si mangia e beve. E quando lo si rappresenta è in tutta la sua materialità, quella che consente non soltanto di riconoscerlo in quanto bistrot, ma di identificarlo in quel ben preciso bistrot. Ben pochi sono i film francesi, da *Albergo Nord* al *Favoloso mondo di Amélie*, per non dire quelli di Verneuil fino a Truffaut, che non riservino un posto d'onore ai bistrot. Ma gli stessi cineasti stranieri, quando sono venuti a girare a Parigi, hanno privilegiato l'ambiente dei bistrot cittadini. Per esempio, Quentin Tarantino nel suo *Bastardi senza gloria* o Woody Allen in *Midnight in Paris*. In questi casi, è difficile distinguere lo scenario dalla scenografia: il bistrot in quanto tale è attore e ne è semmai un'ulteriore prova il fatto che, a suo tempo, abbiano dovuto girare *Albergo Nord* in studio. Ogni bistrot è un attore, un individuo, mentre in alcune serie americane, per esempio *Sex and the City*, la vitalità di Manhattan trova la sua espressione più nelle strade che nei caffè, alla moda ma interscambiabili, dove le protagoniste cinguettano spilluzzicando qualcosa.

No, dunque, un no deciso a che si proponga di iscrivere il bistrot parigino nel patrimonio, men che meno quello "immateriale". Il bistrot non è morto né moribondo. Non ha alcun bisogno di figurare sul campo di battaglia un tantino funebre dell'UNESCO. È in grado di sopravvivere, non soltanto agli assalti della globalizzazione alimentare, ma anche ai falsi successi che gli arridono talvolta grazie al prestigio mondiale di cui gode il suo nome. La sua vitalità dipende da tutti coloro, uomini e donne, che lo frequentano o vi lavorano. Vale però anche il contrario: il bistrot ha una parte da recitare e da far recitare a tutti coloro, uomini e donne, che vi transitano, questo o quel giorno, magari tutti i giorni, spinti dal caso o dalla necessità, dalla curiosità o dalla noia, dall'amore o dalla gelosia... Sulla scena del bistrot, su ciascuna delle sue scene la rappresentazione è quotidiana. Gli episodi si susseguono e non sempre si rassomigliano. A volte, il sipario si alza su un'inquadratura che ne ricorda altre; talvolta, invece, sembra delinearsi qualcosa che indurrebbe a intravvedere un nuovo inizio.

Il bistrot è il teatro della vita. Intorno al bancone, come nella vita, i ricordi sono pronti a fremere e mormorare, ma il presente s'impazientisce e sogna il futuro. Nell'insieme, i bistrot mutano poco, e gli eventuali cambiamenti di proprietà non hanno conseguenze sull'apparenza esteriore o interiore. Per questo, i bistrot marcano il paesaggio cittadino. Sono la traccia della fedeltà che Parigi mantiene verso se stessa.

Per ritornare al "romanzesco": vi è qualcosa di passivo e paradossale nella sensazione di "romanzesco" definita quale attesa dell'inatteso. L'inatteso può risorgere dal passato (un ricordo lancinante che ti prende alla gola) oppure profilarsi all'orizzonte, ombra di una minaccia o di una promessa. Un vecchio parigino può rimanere mesi e anni senza frequentare un certo quartiere, a lui già familiare, per ritrovarlo un giorno per caso (una commissione, un appuntamento, una convocazione...). Se ha preso il metrò, uscendone vedrà poco alla volta – via via che sale i gradini o, se ha fortuna, mentre la scala mobile lo porta in alto – disvelarsi per strati successivi e quindi ricomporsi il paesaggio che aveva perduto di vista e i cui punti di forza, quelli che strutturano lo spazio urbano e la memoria, sono – ne è subito consapevole – certi bistrot: la *brasserie* all'angolo del viale, la piccola tabaccheria di fronte.

Il bistrot occupa un posto ben preciso nel paesaggio urbano, paesaggio che lo stesso bistrot contribuisce a disegnare. Il bistrot è sempre rivolto verso l'esterno. Qualche sedia impagliata s'avventura talora lì fuori, all'aria aperta, pur in mancanza di uno spazio ben organizzato e delimitato. Quasi fossero mede che segnalano l'esistenza di un possibile ancoraggio a tutti coloro che navigano nell'oceano parigino. Messi sull'avviso, costoro possono con un colpo d'occhio farsi un'idea del bistrot che si offre al loro sguardo, con un certo candore o talvolta con un filo di esibizionismo. Dalla strada vedono di schiena i clienti appoggiati al bancone e il va e vieni di un cameriere affaccendato, ma possono osservare anche gli altri, camerieri e cameriere, che vanno e vengono tra la sala e i tavoli all'aperto nonché indovinare la disposizione delle sedie di legno verniciato e dei divanetti in similpelle. Ciascuno è servito al tavolo, e anche il conto è portato al tavolo del cliente, che si alza quasi sempre soltanto dopo aver ricevuto il resto e aver lasciato talvolta la mancia. Un tratto, questo, che contribuisce a creare il carattere mobile e ciarliero dello spazio occupato dal bistrot parigino, e che non si ritrova dappertutto in Europa, dove spesso il cliente va di persona a pagare il conto alla cassa. Rivolto verso l'esterno e incessantemente attraversato da movimenti diversi, il bistrot non assomiglia a un pub né a un salotto né a un club privato: fa corpo con la città, e quel corpo non conosce riposo. L'esatto contrario del self-service. Dove il cliente dialoga soltanto con le etichette e dove la barriera delle casse crea una seconda barriera oltre la porta che si apre automaticamente all'avvicinarsi del visitatore, per richiudersi subito alle sue spalle. Il bistrot, come peraltro certi negozi tradizionali, non si sottrae allo sguardo di chi vi passa davanti; anzi, lo richiama, lo sollecita, mette in bella mostra il menu, dà conto delle offerte straordinarie nonché delle promesse di felicità (happy hour) che una mano febbrile ha tracciato con il gesso – quasi fosse una poesia improvvisata – sulla lavagna sorretta da un trespolo e offerta allo sguardo dei passanti. Sembra quasi possibile entrare in un bistrot inavvertitamente.

Il bistrot non è un rifugio chiuso: è sensibile ai venti che soffiano così come al frastuono della strada. Vi si avverte anche l'eco delle mode e del tempo e, quando capita, le proteste ritmate delle manifestazioni. Lungo alcuni percorsi parigini, quando fa caldo, i manifestanti abbandonano un istante il corteo per buttar giù al bancone una birra bella fresca prima di tornare alla lotta: "Oh lé lé, oh là là, pane lavoro pace libertà". Il bistrot e il suo bancone fanno parte della strada.

Pertanto, quando un bistrot chiude, l'improvviso spettacolo della vetrina mascherata o della serranda che ne sbarra definitivamente l'ingresso evoca un arresto subìto e incomprensibile, un'immagine di morte che nulla ha di metaforico: pare la morte stessa che mostri il proprio volto. Molti bistrot hanno chiuso i battenti in Francia e, se resistono a Parigi, ciò spesso avviene pagando lo scotto del doversi adattare alle necessità e alle mode del momento, correndo il rischio di snaturarsi.

Vero è che il nostro vecchio parigino, quando ha la fortuna di ritrovare intatto il paesaggio del suo quartiere di un tempo, non si attarderà di certo a contemplarlo con emozione – gliene manca il tempo –, ma sarà forse tentato, assolti i suoi impegni, di bere una birra o un caffè alla *brasserie* dell'angolo. Chissà mai che il cameriere dietro il bancone (ma come diavolo si chiamava?) sia ancora lo stesso. Se non lo vede più – è andato in pensione o se ne è tornato al paese –, magari il vecchio parigino, in cerca di sensazioni forti, cederà comunque alla tentazione di sedersi in sala e ordinare la sua aringa con patate all'olio e la lombatina (al sangue) con patate fritte, due valori sicuri che gli restituiranno intatto il sapore del passato.

Nondimeno, la vita nel locale segue il ritmo consueto e corre veloce. Se pure un dipendente o lo stesso padrone abbiano a riconoscerlo, le effusioni saranno di breve durata: il bistrot è un frammento di presente, e chi vi lavora non intende mollarlo. La *brasserie* non conosce nostalgia, e possiamo scommettere che il nostro vecchio parigino, inghiottito l'ultimo boccone, si prenderà forse il tempo di un ultimo caffè, per poi rimettersi in cammino di buon umore, sicuro di essere approdato a una nuova stazione della propria vita, di aver cambiato paesaggio, riferimenti e bistrot. Consapevole, per esempio, di non essere più esattamente lo stesso individuo che frequentava place de la Convention, ripartirà alla volta di place Monge, il cuore leggero.

Parigi perduta, Parigi conquistata

Parigi è probabilmente l'unica città al mondo che offra, ovunque, possibilità infinite di sedersi a bere un bicchiere. In Italia, la consuetudine vuole che il caffè si beva al banco, in piedi, sebbene alcune città, tra cui Torino, facciano eccezione. A Berlino ci si deve recare in certi quartieri alla moda nella zona Est (Prenzlauer Berg, Friedrichshain) per trovare un equivalente dell'offerta parigina. Nondimeno, a Parigi, l'indebolirsi del legame tra attività letteraria e caffè, la nostalgia prefabbricata che aureola gli antichi covi dell'esistenzialismo e del surrealismo, l'intera operazione di toelettatura e messa a norma per uso turistico mirata a trasformarne alcuni in "luoghi di memoria", di pari passo con la sfacciata invasione delle catene alimentari globalizzate – tutto questo costituisce un segnale preoccupante che invita a riflettere e dovrebbe scatenare una reazione salutare nonché ambiziosa, per esempio sotto forma di appello agli scrittori del mondo intero e, perché no?, di chiamata alle armi per una nuova Liberazione.

Scrittori di tutti i paesi, liberateci, descriveteci, sbronzatevi!

I luoghi che chiedono soltanto di essere esplorati, *rive gauche* o *rive droite*, sono qui. Da Saint-Germain-des-Près a Contrescarpe, potrete zigzagare da un bistrot all'alto lungo rue de Tournon, rue de Vaugirard, place Edmond-Rostand, rue Soufflot e rue Mouffetard. Dal Musée Grévin all'Opéra imboccherete rue Vivienne, place de la Bourse e rue du Quatre-Septembre. Due percorsi, due itinerari tra mille altri possibili, che a fatica riuscirete a completare se avrete la pur minima curiosità di fermarvi in ciascuno dei bistrot che li fiancheggiano. Troverete, siatene pur certi, di che solleticare il palato, ma anche di che sollecitare la curiosità di sociologi, se tale è la vostra, o di poeti, se la bellezza delle città vi emoziona – di avventurosi, in ogni caso, ben sapendo che nessuna delle tante stazioni prefigura la successiva e che, a cinquanta metri di distanza, è già un altro il mondo che desidera accogliervi e trattenervi.

Scrittori di qualunque origine, marciate su Parigi, da soli o in piccoli gruppi. Invadete la capitale. Liberateci dall'abitudine. Liberateci dalle nostre pigrizie. Dalla paura e dalla noia. Liberateci dalla memoria e dall'oblio. Dal presente e dal passato. Create un futuro e parole nuove. Create idee e immagini. Restituiteci l'avventura. Affinché, stimolati dalla vostra presenza, padroni e padrone dei bistrot parigini ridiventino i guardiani del Tempio e vi aiutino a ritrovare la percezione di ciò che è insolito e il gusto del meraviglioso quotidiano, quello stesso celebrato da Aragon nel 1926. Possa, ciascuno dei bistrot che incontrerete, diventare un vostro obiettivo in questa guerra lampo, e che alcuni di essi diano nome, cittadelle riconquistate, alle vostre vittorie di un giorno e di ogni giorno a venire.

A ben rifletterci, tuttavia, mi sembra che un simile appello, per quanto si pretenda vibrante, risulterebbe doppiamente ambiguo: mobilitazione, richiesta di aiuto o, forse, orazione funebre? Denuncia un rischio oggettivo? Oppure nient'altro che l'animo sconfortato e il tetro rimuginio di un osservatore che sta invecchiando? Quando ricordo la mescita del carbonaio di rue des Fossés-Saint-Jacques con il suo calcetto, so bene che è scomparsa da tempo e che, se – per impossibile che sia – a Parigi esistesse ancora un luogo dello stesso genere, non prenderei più alcun gusto a frequentarlo e nemmeno ne avrei la forza. Tanto più che ormai, da anni, gli amici che allora mi accompagnavano sono morti o se ne sono andati. Ho rinunciato per tempo a ciò che, del resto, non mai è stato altro se non un fantasma: eleggere un bistrot a sede di un movimento letterario. Fantasia di adolescenti, alla quale avevano preso gusto – probabilmente senza darvi nemmeno loro troppo credito, pur compiacendosi di quella forma di ebbrezza – alcuni di coloro che quel sogno hanno realizzato e dei quali ancora oggi si cita il nome a proposito dell'uno o l'altro movimento effimero legato a questo o quel bistrot. Queste frettolose ricostruzioni di un'archeologia assai incerta testimoniano, a loro volta, di una nostalgia essa pure illusoria.

In fin dei conti, la Parigi che consideriamo essere la Parigi di sempre è dovuta in ampia misura alle ricostruzioni datate alla seconda metà del XIX secolo ovvero all'inizio del XX. Per altro verso, il fatto che oggi si serva da mangiare sempre più in locali che portano ancora il nome di bistrot segnala una leggera flessione, non già una fine. Forse, faremmo meglio innanzi tutto a stupirci e a felicitarci nel constatare che la realtà dei luoghi abbia in gran parte arginato l'espandersi di quel termine e che la moda della gastronomia sia un fattore di resistenza all'onda omologante scatenata dallo tsunami della ristorazione veloce.

La lieve malinconia che talvolta mi prende quando penso ai bistrot parigini non è da imputare loro. Essi fanno oggettivamente parte della "forma della città": sarebbe pertanto impossibile che non si modificassero al passo con quella, pur seguendo il proprio ritmo, e sebbene io ritrovi di tanto in tanto una scena pressoché immutata e atmosfere tuttora familiari. Il cuore di ogni mortale ha le sue ragioni e sragioni segrete. Gli capita di lasciarsi invadere dai ricordi o, all'opposto, di faticare a ritrovarli. Ripensando ai bistrot di Parigi, che oggi non frequento più ma dove ritorno ogni tanto, li proietto dietro di me. "Rivedere Parigi…" cantava Trenet. Che cosa rivedrò quando vi passerò la prossima volta? Una città che raddoppia sotto i miei occhi, qualche antico ricordo che accompagna i miei vagabondaggi del momento: eppure, quando capita, mi lascio coinvolgere senza difficoltà nel turbinio di Parigi, che non mi sorprende. Sono abbastanza saggio da frequentare la città del presente, riponendo i miei ricordi o quel che ne rimane nel mio intimo e immergendomi in un quotidiano un po' artificiale – quale mi appare a volte – ma di fatto sempre molto attuale e del tutto reale. Entro nel primo bistrot che mi capita a tiro e non cedo al gusto dei pellegrinaggi. La città che mi porto dentro e i bistrot che conservo nell'intimo continuano a esistere, è certo, ma appartengono a me soltanto e mi sforzo di non confondere i cambiamenti oggettivi della città e della sua scena quotidiana con i giochi della mia memoria, che si ravviva appena prende una certa distanza.

La mia linea della vita o, meglio, una delle mie linee della vita tra quelle che riesco più facilmente a individuare segue, da Maubert-Mutualité ai Gobelins, i percorsi intersecantesi delle due linee di metrò che s'incrociano a Jussieu: Cardinal-Lemoine, Monge, Censier-Daubenton. I bistrot intorno a queste stazioni li ho frequentati in epoche diverse della mia esistenza. Nel corso degli anni, a partire da place Maubert, sono scivolato lungo rue Monge, non senza qualche sbandata nel XVe arrondissement, sovrabbondante di locali e negozi di gastronomia, mescite e tabaccherie. Dopo qualche tempo, quando sono ritornato nel V^e lo spostamento finanche di poche centinaia di metri già comportava un sottile cambiamento della scena quotidiana, che si era ricomposta intorno a un nuovo bistrot. Oggi, l'immagine di ciascuno di essi è entrata nell'album dei ricordi che mi sorprendo a sfogliare quasi senza pensarci. Tutto ha inizio con la Liberazione, quando la divisione Leclerc, la 2ᵉ Division blindée, è risalita lungo rue Monge, direzione jardin des Plantes: la folla era spuntata da ogni dove, immobilizzando i blindati, e ho ancora stampata in mente l'immagine del bistrot all'angolo di rue des Bernardins – quello che i miei genitori disdegnavano di frequentare –, da cui uscivano fuori come per miracolo le bottiglie di vino offerte ai vincitori. Il bistrot non esiste più, mentre quelli di place Maubert ci sono ancora. Lì intorno, ho bevuto qualche caffè in place de la Contrescarpe, che allora non era ancora la celebrata meta turistica di oggi, o una birra alla Brasserie de l'Île Saint-Louis, al bancone, un paio di volte non lontano da Moustaki, cliente solitario e silenzioso che abitava nei paraggi. Tempo dopo, con una manciata di amici ho consumato qualche pranzo vivace e pieno di allegria in un bistrot vicino a Censier, più tardi rivenduto e trasformato. Ora, tutto mi sembra essersi concluso, forse provvisoriamente, al carrefour des Gobelins, non lontano da dove ho abitato per un certo tempo prima di lasciare Parigi.

I bistrot parigini si dimostrano essere "figure della memoria" assai efficaci e, ritrovandone parecchi pressoché intatti, talora avverto con maggiore forza che non ho più nulla a che fare con loro: non ho da aspettarvi più nessuno né ho il tempo, l'occasione e forse nemmeno il desiderio di prendere nuove abitudini. Pertanto, quando mi trovo di passaggio all'angolo tra rue Monge e rue Cardinal-Lemoine, ripiego sull'unico bistrot in cui avrei forse ancora occasione d'incontrare uno o due vecchi amici (meglio sarebbe, tuttavia, dare loro appuntamento) o il viso familiare di uno dei camerieri. Così, mi capita di appoggiare ancora i gomiti sul bancone della *brasserie* vicino ai Gobelins. Julie, mi hanno detto, non ci lavora più, ma forse François mi lancerà ancora una volta, con un sorriso un po' esitante, una delle sue formule buone per ogni occasione, la sua arma segreta ("Allora... Tornato dalle vacanze?"), a meno che non mi colga di sorpresa come l'ultima volta in cui gli ho stretto la mano. Mosso da chissà quale scrupolo, gli avevo appena precisato: "Sono soltanto di passaggio", e lui, dopo aver riflettuto un istante, mi ha replicato: "Sono tutti di passaggio". Osservazione che mi ha lasciato pensieroso, perché il suo tono perentorio evocava una sorta di finale di partita, ma anche perché mi rimetteva al mio posto, con bonomia, riaffermando il punto di vista di chi, fedele al posto che occupa dall'altra parte del bancone, ha modo di osservare tutti i giorni quelli che s'immaginano di conoscerlo perché lo guardano senza vederlo.

Non sono andati perduti i bistrot, bensì la naturalezza con cui, fino a poco tempo fa, navigavo dall'uno all'altro. Posso navigare ancora, ma gli scali sono deserti. Forse, questa è la ragione profonda per cui parto e viaggio: lontano, posso avventurarmi in cerca di nuovi scenari e nuovi incontri senza avvertire il peso opprimente dei giorni trascorsi e delle amicizie perdute, senza sentirmi condannato alla ripetizione o all'oblio.

I bistrot hanno la loro parte in queste giravolte dell'umore. O, meglio, proprio perché rappresentano un elemento determinante, inestirpabile del paesaggio urbano possono apparire – al pari della natura celebrata da Lamartine nel suo *Lac* o da Hugo nella *Tristesse d'Olympio* – di volta in volta come se conservassero o tradissero il passato. La natura si fa beffe delle poesie, e i bistrot di Parigi non sanno che farsene dei miei stati d'animo. Hanno tutta la vita davanti. E allora, sì: che gli scrittori di oggi e di domani mandino al diavolo nostalgie e diffidenze, e non si credano in obbligo di camminare rinculando, ma si gettino anima e corpo nella città a inseguire il segreto che, lì, ancora li cattura. Che resistano alla prosaicità della vita adulta, facciano di Parigi una festa, erotica, gioiosa, ansimante, e siano capaci di coglierne il fascino, sempre e più che mai presente. Quel fascino che invecchiando sappiamo attribuire, ormai troppo egocentrici, soltanto ai giorni del passato.

Temi

D. Demetrio, F. Rigotti
Senza figli. Una condizione umana

G. Pietropolli Charmet
La paura di essere brutti. Gli adolescenti e il corpo

G. Pommier
Del buon uso erotico della collera e di qualche sua conseguenza

G. Boniolo
Le regole e il sudore. Divagazioni su sport e filosofia

B. Brunner
L'arte di stare sdraiati. Manuale di vita orizzontale

M. Recalcati
"Non è più come prima". Elogio del perdono nella vita amorosa

P. Donghi, G. Peluso
Di cosa parliamo quando parliamo di cancro

M. Augé
Il tempo senza età. La vecchiaia non esiste

P. Legrenzi
Sei esercizi facili per allenare la mente

G.P. Quaglino
Meglio un cane

E. Morin
Insegnare a vivere

S. Santorelli
Guarisci te stesso

P. Legrenzi, A. Massarenti
La buona logica. Imparare a pensare